EBERHARD APFFELSTAEDT

MEHR FINNEN?
MEHR FINNEN!

Eberhard Apffelstaedt

Mehr Finnen?
Mehr Finnen!

Ihr gelegentlicher schwarzer Humor
Ihre ungezählten grauen Zellen
Ihre manchmal rosaroten Brillen
Und ihr immerwährend farbenfrohes Dasein

Heiner Labonde Verlag

© Heiner Labonde Verlag, Grevenbroich 2010
Alle Rechte vorbehalten
Titelbild: Eberhard Apffelstaedt

ISBN 978-3-937507-29-3

Gestaltung: Antje Zerressen, PADA RI GmbH, Essen
Printed in Germany

Inhaltsverzeichnis

Vor-Vorwort oder »Dänke«

Liebe Leserinnen und Leser,

nicht nur die finnische Sprache hat ihre Eigenheiten, auch im Deutschen findet man manchmal Dinge, die einen zum Nachdenken bringen. Zumindest, wenn man es darauf anlegt.

So erlaubt die deutsche Grammatik beispielsweise zwar zu erzählen, dass es in Parkanlagen an vielen lauschigen Plätzen eine »Bank« gibt, auf der man sich ausruhen kann – und auch die Angabe, es stünden dort viele »Bänke«, ist unproblematisch möglich. Will sagen, dass es keine Schwierigkeiten bereitet, eine Pluralform zur »Bank« zu finden, nämlich: »Bänke« (abgesehen von der Tatsache, dass es auch »Banken« gibt ...). Will man allerdings berichten, dass man mehreren Personen »Dank« sagen möchte, dann bleibt man pluralmäßig auf dem Trockenen sitzen, sofern man nicht auf das »hochgestochene« Wort »Danksagung« und dessen Pluralform »Danksagungen« ausweichen möchte.

Aus diesem Grund führe ich hiermit nun feierlich den Plural von »Dank« ein, ohne jede Rückversicherung bei der Dudenredaktion. Tätärätä! – Es werde und sei: »Dänke«!

Und meine Dänke gelten:

1. meinem Verlag und seinem Inhaber, dem geduldigen und niemals um eine Problemlösung verlegenen Verleger Heiner Labonde. Mit viel Einsatz und Engagement hat er meine »Werke« in sein Verlagsprogramm aufgenommen und realisiert und ist auf meine Ideen und Vorstellungen stets flexibel und verständnisvoll eingegangen,

2. euch, meinen Leserinnen und Lesern, die ihr mich mit zahlreichen, ganz überwiegend positiven und freundlichen Zuschriften sowie mündlichen Meinungsäußerungen im Rahmen meiner Lesungen motiviert habt, dem ersten Band »Finnen? Finnen!« einen zweiten, »Mehr Finnen? Mehr Finnen!«, folgen zu lassen,

3. meinen Verwandten und Freunden in Finnland, die meine Bücher mit viel Humor, Fröhlichkeit und Selbstironie aufgenommen und über die gelegentlichen Schreib- und Druckfehler gerade bei den finnischen Texten lächelnd hinweggesehen haben. Und die mir teils bewusst, meistenteils jedoch ohne bewusstes Zutun pausenlos neuen Stoff für viele meiner Anekdoten und Situationsschilderungen liefern,

4. vor allem aber meiner lieben Pirjo, die mit ihren Ideen und Anregungen manches zu diesem und auch dem ersten Finnbuch beigetragen hat. Sie hat mich stets ermuntert, wenn meine Schreiblust zu erlahmen drohte, und hat meine Arbeit durch ihre konstruktive Kritik, ihre Kenntnis und ihr unterstützendes Lächeln maßgeblich gefördert.

Eberhard Apffelstaedt

Vorwort

Liebe Leserin, lieber Leser,

das habt ihr nun davon: Ihr wolltet unbedingt mehr über die Finnen und ihr Land erfahren. Und mein erstes Buch »Finnen? Finnen!« hat euch nicht gereicht, unersättlich, wie ihr seid ... So. Und aus diesem Grund hab' ich mich also hingesetzt und ein zweites Buch verfasst, das ihr gerade in euren Händen haltet.

Muss zugeben, dass ich beim Schreiben über die mir so lieben nordischen Verwandten und Freunde ebenso viel Spaß hatte wie beim Verfassen des ersten Bandes. Möglicherweise sogar noch ein bisschen mehr, weil die gute Annahme von »Finnen? Finnen!« natürlich durchaus motivierend war. Ich wünsche mir ja, dass meine Finnland-Bücher nicht mit Bierernst gelesen, sondern als das genommen werden, was sie sein sollen: unterhaltsame Lektüre – und nicht zuletzt eine Liebeserklärung an die Finnen und ihre Heimat! Zwar satirisch formuliert, aber voller Zuneigung verfasst. Die Finnen selbst haben ganz überwiegend positiv und gutgelaunt auf meine kleinen Spitzen und Überzeichnungen reagiert. Es soll sogar vorgekommen sein, dass einige von ihnen den Weg in den Keller nicht geschafft haben, wohin sie im Normalfall zum Lachen verschwinden.

Übrigens hat sich meine Befürchtung, ich dürfe Finnland nach Veröffentlichung von »Finnen? Finnen!« nicht mehr betreten, nicht bewahrheitet. Im Gegenteil, in zahlreichen Lesungen in Bibliotheken, Buchhandlungen usw. wurde viel gelacht, manche sehr persönliche Anekdote aus Zuhörerkreisen griff die im Buch geschilderten Situationen auf ... und überhöhte sie gar nicht so selten! Ist das nicht ein Beweis für die tolerante und humorvolle Einstellung der meisten Finnen und Finnlandfreunde zu sich, zu ihren Landsleuten und ihrer Lebensweise?!

Im vorliegenden Band versuche ich wieder, den Alltag und die unverkrampfte Lebensgestaltung der mir so wichtigen Menschen dort »oben« im Norden lebendig werden zu lassen. So dass ihr, liebe Leserin und lieber Leser, den Rauch in der Sauna riechen, das Spiegeln der Abendsonne in den Wellen sehen und den leckeren gegrillten Lachs am Feuer schmecken könnt. Und – natürlich – auch meinen alten Freund Matti wieder trefft, beim Singen, Schweigen, Witzereißen und Lachen. Bestimmt werdet ihr es bemerken: Auf vielfachen Wunsch habe ich im vorliegenden Buch besonderen Wert auf das Erzählen von Anekdoten und Begebenheiten mit Matti und meinen anderen finnischen Freunden gelegt. In all diesen Geschichtchen steckt jedoch immer auch ein Stück des Ganzen, des herrlichen, amüsanten, großartigen und einmaligen Finnlands. Für seine Menschen, ihre Lebensart und ihren einzigartigen Charme möchte ich euch mit dieser Lektüre begeistern. Ich hoffe, das gelingt mir, mit Einfühlungsvermögen und Humor, mit großer Zuneigung und auch einem gehörigen Maß an frecher Ironie.

Ein kleiner technischer Hinweis: Im Unterschied zu »Finnen? Finnen!« habe ich im vorliegenden Buch auf den Abschnitt »einige Sprachregeln« nach jedem Kapitel verzichtet und mich auf die Auflistung der verwendeten Vokabeln beschränkt.

Einmal, weil es fast unmöglich gewesen wäre, erneut Regeln aufzuführen, bei denen man nicht zu sehr in die Tiefen der finnischen Sprache hätte eintauchen müssen. Zum Zweiten, weil mit Siegfried Breiters »Einstieg finnisch für Kurzentschlossene«, Hueber-Verlag, ISBN 978-3-19-007496-9, ein hervorragendes Einführungswerk zum Erlernen der finnischen Sprache erschienen ist.

Die in den Kapiteln auftauchenden finnischen Wörter sind sowohl im laufenden Text als auch am Schluss eines jeden Kapitels mit ihren deutschen Übersetzungen erläutert. Dabei kann es durchaus sein, dass dieselben Vokabeln in einem anderen Kapitel erneut vorgestellt werden. Dies habe ich bewusst so gehandhabt, um ständiges Blättern und Suchen beim Lesen zu vermeiden.

Willkommen bei »Mehr Finnen? Mehr Finnen!«

Eberhard Apffelstaedt

Ein Engel für Helsinki

Manche Engel, scheint's, werden nicht vom lieben Gott ge-
sandt, sondern beginnen ihren Erdenweg ganz profan und un-
prätentiös, beispielsweise in Berlin. Dort wurde nämlich 1778
ein kleiner Engel geboren und erhielt die Vornamen Carl Ludwig. Dass er mit 38 Jahren mal den Finnen ihr Hauptstadtzen-
trum planen und erstellen würde, ahnten seine Eltern damals
sicherlich nicht ...

Bis dahin war es allerdings auch ein verschlungener Weg: Erst
einmal musste er sein Architekturstudium in Berlin absolvieren, dann baute er für die preußischen Soldaten dort die Mili-
tärbäckerei und wurde anschließend passenderweise »brotlos«,
weil die Franzosen in Berlin auftauchten und die Stadt besetzten.

Was tat Carl Ludwig? Er sagte Mama und Papa »Adieu« und
machte sich auf nach Tallinn (das damals aber noch Reval
hieß), weil die Esten einen Baumeister für ihr Stadtarchiv
suchten. Den Auftrag führte er aus, zur Zufriedenheit der Beteiligten, worauf der russische Herrscher Alexander I. ihn zu-
nächst nach St. Petersburg holte und dann 1816 mit der Pla-
nung eines repräsentativen Zentrums für die neue Hauptstadt
Helsinki im damaligen Großfürstentum Finnland beauftragte.
Während des Krieges zwischen Schweden und Russland hatten die Russen nämlich 1808 die Stadt erobert, und eine Feu-
ersbrunst hatte die Innenstadt fast vollständig zerstört. Zar
Alex, der Schlaukopf, wollte die Hauptstadt seines neugewon-
nenen Großfürstentums näher bei St. Petersburg haben: Das
bis dahin als Verwaltungssitz fungierende Turku/Åbo war ihm

zu weit und außerdem der schwedischen Ostküste genau gegenüber gelegen ... Daher setzte er 1812 einfach fest: Helsinki wird neue Hauptstadt. Was die Turkusianer nicht unbedingt freute. Aber so sind Herrscher nun mal.

Wie das Leben so spielt: Die Kriegsfolgen begründeten das bautechnische und planerische »Paradies« für den Engel Carl Ludwig aus Berlin ... Jetzt konnte er loslegen: Dom, Senatsplatz, Universitäts-Hauptgebäude und Nationalbibliothek, Präsidentenpalast und in den folgenden Jahren unzählige Bauten im ganzen Land, angefangen von Herrenhäusern über Kirchen bis hin zu Verwaltungsgebäuden tragen seine Handschrift.

Und – ich muss das schon wegen des Namens dieser Gemeinde hier schreiben – in einem Ort nahe der Stadt Lahti (Ich hoffe, ihr erinnert euch noch an die korrekte Aussprache?) hat er den Glockenturm der örtlichen Kirche entworfen. Das hat mir mein treuer Freund Matti (ihr wisst schon: der mit der munteren Ehefrau Päivi, dem Sommerhausgrundstück und den pontikka-Kenntnissen, von dem ich in »Finnen? Finnen!« erzählte) berichtet. Der Grund, dessentwegen ich das hier erwähne, ist, dass dieser Ort zu Mattis und meinen Lieblingsortschaften in Finnland gehört. Warum? Nun, wegen seines einprägsamen Namens.

Damit ihr das versteht, will ich verraten: Der lautet so, dass er sich sogar nach ausgedehnten Alkoholexzessen noch völlig unproblematisch aussprechen lässt. Ich meine die Gemeinde Hollola, einen Ort westlich von Lahti mit etwa 21000 Einwohnern. Nicht ohne entsprechend »flüssigen« Hintergrund

hatte Matti dereinst im Schein der Mitternachtssonne sein
»Hollola-laulu« (»laulu« = »Lied«) angestimmt, am Lagerfeuer.
An den genauen Text kann ich mich leider nicht mehr erinnern,
Matti wohl auch nicht. Bruchstückhaft sind mir noch mehrere
»Hollolas« und »Hallolis«, »Hullulus« (»hullu« = »Blödmann«)
und »Hallalas« im Gedächtnis, die wahrscheinlich den
Hauptteil des anspruchsvollen Liedtextes ausmachten ...

Zurück nach Helsinki, dem politischen, verwaltungstechni-
schen, kulturellen, touristischen und überhaupt grundsätzli-
chen Zentrum des Landes (und nach Auffassung manch einer
Finnin und eines Finnen der Welt an sich ...).

Heutzutage schlendern die Finnen und die zahlreichen aus-
ländischen Besucher gemütlich durch die prächtigen Viertel
der finnischen Hauptstadt, die der Grund dafür sind, dass
Helsinki regelmäßig als »weiße Stadt des Nordens« apostro-
phiert wird. Und nach den ausgiebigen Besichtigungstouren
streben sie zielsicher die Aleksanterinkatu (»katu« = »Straße«)
an, wo sie sich beispielsweise im Café Engel am Senatsplatz
niederlassen, um dort bei Kaffee und Kuchen die Eindrücke
des Engelschen Neo-Klassizismus zu verarbeiten. Diese Lokalität nutzt die Räume eines der ältesten Häuser Helsinkis, dessen Fassade um 1830 von just jenem Baumeister entworfen
wurde, der dem Café seinen Namen verleiht.

So einladend die in den letzten Jahren in ganz Finnland, natürlich aber besonders in Helsinki, zunehmend anzutreffen-
den kahvilas (»kahvila« = »Café«) auch sind: Schaut sicherheitshalber zuerst in euer Portemonnaie, ehe ihr in größerem
Umfang Sahnekuchen bestellt! Ihr seid der Auffassung, das

könntet ihr euch ohne Weiteres leisten? Ich stimme zu, sofern ihr züchtig und bescheiden dabei bleibt, nur und ausschließlich für euch selbst zu bestellen. Aber wehe, ihr seid in einer Reisegruppe unterwegs, und die Mitreisenden sind euch so überaus sympathisch ... Ich verstehe schon, da gibt's den Kurt, der euch den Koffer getragen hat, den Mario, der euch im Bus immer einen Sitzplatz ganz vorne freihält, die Claudia, die mit euch die Schiffskabine teilte, den Michael, der so herrlich singen kann und, und, und. Grob geschätzt besteht eure Reisegruppe aus 26 bis 27 herzigen Menschen, jede und jeder von ihnen liebenswert. Und ihr wart schon immer großzügig und noch nie knauserig. Also bestellt ihr jedem ein Stück Sahnetorte. Kann ja die Welt nicht kosten.

Liebe Leserin, lieber Leser, ich hoffe, ihr sitzt, während ihr diesen Text lest?! Falls Nein, nehmt bitte erst mal Platz. Denn jetzt kommt die Rechnung. Erwartet hattet ihr so um die 60 bis 70 Euro. Teuer genug, aber man lädt ja nicht alle Tage die gesamte Truppe ein. Ich, als amüsierter, zufällig anwesender Beobachter der Szene, hab' euch mit leisem Bedauern, aber auch mit ein klitze-kleinwenig Schadenfreude genau im Blickfeld. Und was sehe ich: Ihr werdet blass und rot, kramt nach eurer Brille, findet sie endlich und blickt starr hindurch, dreht den Kassenzettel um und um, rechnet nach, sinkt in euch zusammen und schaut hilfesuchend um euch ... Ja, ja, meine Liebe, mein Lieber, hättet ihr mal vorher »Mehr Finnen? Mehr Finnen!« gelesen! Denn ich verwette meiner Patentante ihr klein Häuschen: Die geforderte Summe bewegt sich mächtig auf 200 Euro zu. Oder liegt noch über diesem Betrag.

Wie gewohnt denkt ihr, ich nehme euch auf den Arm.

Mitnichten, meine Lieben, genau diese Situation habe ich selbst in Helsinki in einem Café in der Nähe des Senatsplatzes erlebt. Das Heulen und das – vergebliche – Zähneknirschen waren groß. Und jede Beschwerde blieb erfolglos: Denn die Finnen haben ungeheure Übung darin, bei derartigen Gelegenheiten ihre Ohren auf Durchzug zu stellen und unbewegt nicht zu-, sondern wegzuhören.

Daher merke: Wollt ihr euren Mitreisenden in Finnland eine Freude bereiten und dabei selbst gut gelaunt und entspannt bleiben, spendiert ihnen keine Sahnetorte (finnisch: »kermakakkua«) und keine alkoholischen Getränke – zumindest keine im Land erworbenen. Und auch eine Eisportion z. B. von einem der einschlägigen Kioske mit der Aufschrift »jäätelöä« (»Eis«) kann ganz schön teuer werden: Da kostet ein zugegebenermaßen riesiges »Bällchen« schon mal um die zwei Euro – oder mehr.

Aber bestimmt habt ihr selbst gute Ideen, wie ihr euren mitreisenden Freundinnen und Freunden mitteilen könnt, dass die gemeinsame Reise durch nordische Gefilde euch Spaß macht, oder?

Neben den in allen Reiseführern ausführlichst beschriebenen klassizistischen Bauten im lebensfrohen Helsinki gibt es hier selbstverständlich unzählige weitere Sehenswürdigkeiten. Etwas ganz Besonderes ist der Besuch auf Suomenlinna, jener Festung, die dem Hafen der Stadt vorgelagert ist. Ihre Anfänge datieren ins Jahr 1748, also noch weit vor die Engelsche Ära. Damals wurde auf sechs Inseln mit dem Bau der Befestigungsanlagen begonnen, noch unter schwedischer Federführung.

Die Schweden nannten und nennen diese Festung natürlich auch nicht »Suomenlinna«, sondern »Sveaborg«. Dies ist ein hochhistorischer Ort, in dem nach den Schweden für mehr als hundert Jahre russische Soldaten in erheblicher Zahl stationiert waren. Und während eines der traurigsten Kapitel der finnischen Geschichte, des Bürgerkriegs Anfang 1918 zwischen »Roten« und »Weißen«, waren hier mehrere tausend »Rote« von den gegnerischen »Weißen« interniert. Diese Auseinandersetzung zerriss die damals gerade erwachende Nation in unvorstellbare Konflikte, quer durch Dörfer, Städte und sogar Familien gingen die blutigen Streitigkeiten. Die Fehde hat über Jahrzehnte ihre Spuren in der finnischen Gesellschaft hinterlassen. Die »Weißen«, vom deutschen Reich unterstützt, waren siegreich gegen die »Roten« letztlich mit Hilfe deutscher Soldaten, stellten die Oberschicht des Volkes und besetzten die Schlüsselpositionen in Politik und Verwaltung.

Es wird in Finnland nicht gerne über diese Zeit gesprochen. Fast scheint es so, als ob sich dieses so bewunderungswürdige Volk für die damaligen Gräuel schämte; was ja nicht gegen das Gerechtigkeits- und Zusammengehörigkeitsgefühl der Menschen spräche. So hat offenbar die Geschichte jedes Volkes ihre dunklen Epochen – und gerade wir Deutschen sollten sehr zurückhaltend mit unseren Urteilen über andere Nationen sein. Dennoch soll diese schlimme Zeit des Bruderkrieges in Suomi hier nicht unerwähnt bleiben. Sie hat ihre Auswirkungen bis in unsere Zeit hinein.

Aber lassen wir diese vergangenen Dinge Vergangenheit sein; denn sogar auf der offiziellen deutschen Internet-Seite der Suomenlinna-Verwaltung wird über diese Ereignisse kein Wort verloren ... Wenden wir uns stattdessen lieber dem gegenwärtigen und durchaus erfreulicheren Suomenlinna zu: Nicht nur Touristen begeistern sich für dieses einzigartige Areal, das es übrigens als Gesamtkomplex 1991 auf die Unesco-Liste des Weltkulturerbes geschafft hat, und wo etwa 800 Menschen dauerhaft wohnen. Auch die Einheimischen sonnen sich gerne auf den Felsen, schwimmen in den Wellen der Ostsee oder genießen einfach den Anblick der riesigen Schiffe, die durch die Enge zwischen dem »Kustaanmiekka« (»Gustavsdegen« oder »Gustavsschwert«, »Kustaa« = »Gustav«, »miekka« = »Degen« oder »Schwert«) auf der Hauptinsel »Susisaari« (»Wolfinsel«, »susi« = »Wolf«, »saari« = »Insel«) und der Nachbarinsel »Vallisaari« gleiten. In langsamstem Tempo tun die Ozeanriesen das, denn hier ist es extrem eng, und es wimmelt von Untiefen.

Hilfe! Mirkko, mein finnischer Freund aus Helsinki und Dauergast auf Suomenlinna, das er fast so liebt wie seine blondgelockte Anneli, faucht mich an: »Du schreibst falsch!!!« Und in seinen Augen stehen Tränen. Ja, lieber Mirkko, vanha ystävä (»alter Freund«, »vanha« = »alt«, »ystävä« = »Freund«), ich weiß schon, und ich stelle meine Information auch sofort richtig: Es war einmal so, dass praktisch sämtliche Fähren, die die finnische Hauptstadt anliefen oder verließen, diese Felsenenge passierten. Heutigentags können die Passagiere nach und von Helsinki die beschriebene sagenhafte Fahrt der Ozeanschiffe durch die Engstelle nicht mehr in jedem Fall erleben. Denn:

Leider muss in unseren Tagen alles schneller gehen, Zeit ist Mangelware (weswegen wir ja auch sehr viel entspannter und glücklicher sind als in früheren Epochen – He, wer lacht da so ironisch!?), und das gilt offenbar auch für die Fracht-Fähr-schiffe nach Helsinki: Sie laufen jetzt den neu erbauten Hafen Vuosaari im Osten der Stadt an und müssen so die erwähnte Enge nicht mehr durchfahren. Leider geht dadurch einer der schönsten Momente der Seereise nach Helsinki verloren. Denn diese Passage und die beeindruckende Kulisse der Innenstadt von Helsinki, die nach dem Überwinden dieser Enge auf-taucht und immer näher rückt, hat die Reisenden von jeher so fasziniert, dass sie bei der Ankunft solange wie möglich auf Deck bleiben. Ausgenommen von dieser Änderung der Fahr-route sind allerdings die Riesenpötte der Reedereien Silja-Line und Viking-Line, aus Stockholm kommend: Sie passieren nach wie vor dieses »Felsentor« und ermöglichen den Reisenden so den Genuss der zauberhaften Einfahrt in den Südhafen.

Apropos Verkehr: So unglücklich Mirkko wegen der veränder-ten Schiffsrouten von und nach Helsinki ist, so stolz ist er auf eine andere verkehrstechnische Einrichtung der Hauptstadt. Er bekommt glänzende Augen, wenn man ihn darauf an-spricht: Die Metro von Helsinki. Erst durch den Bau der U-Bahn wurde nach Mirkkos Meinung Helsinki zur führenden Metropole des Nordens. Oder besser: Europas. Oder noch ge-nauer: der Welt.

Mirkko ist stolzer Besitzer einer Jahres-Dauerkarte dieser Wun-derbahn, und eines seiner Hauptvergnügen ist es, seinen Sonn-tag damit zu verbringen, von morgens bis abends von der Startstation »Ruoholahti« zur Endstation zu fahren. Wobei es der höchste der Genüsse ist, hinsichtlich der Endstation zwi-schen »Mellunmäki« und »Vuosaari« abwechseln zu können. Weil: Die zurzeit noch aus einer Strecke bestehende Metro teilt sich im Osten der Stadt, und die Züge peilen die beiden erwähnten Stationen jeweils im Wechsel an.

Man kann sich vielleicht vorstellen, wie mühselig und kostenaufwändig der Bau dieser Einzelstrecke gewesen ist. Denn in Helsinki gibt es neben reichlich Wasser in Form von Buchten und Seen noch etwas in durchaus nennenswerter Menge: Granitfelsen. Ich weiß nicht, ob ihr schon einmal das Vergnügen hattet, in einen Granitfelsen einen Tunnel zu bohren. Wahrscheinlich eher nicht, denke ich. Trotzdem ist euch der Schwierigkeitsgrad (und sind euch die Kosten) eines solchen Unterfangens bestimmt unschwer vorstellbar ...

Übrigens war in den finnischen Medien zu lesen, dass im November 2009 ein Rohrbruch in der Innenstadt die Station »Rautatientori« am Hauptbahnhof unter Wasser setzte. Als Folge wurden zahlreiche weitere Haltestellen vorübergehend geschlossen, waren bald aber wieder offen, bis auf diese zentrale U-Bahn-Station. Sie zu sanieren, war teuer und langwierig. Mirkko ist seitdem kaum noch auf das Thema »Metro« ansprechbar, weil ihn unbeherrschbare Weinkrämpfe überkommen, sobald man irgendwelche Wörter ausspricht, die mit »Met« beginnen. Seine Angetraute, die schon weiter oben erwähnte blondgelockte Anneli, macht sich das zu Nutze, indem sie bei den – allerdings eher seltenen – Streitigkeiten zwischen ihr und Mirkko diese Silbe stets dann in ihre Argumentation einflicht, wenn Mirkko möglicherweise Oberwasser gewinnen könnte.

Ich habe aber auch etwas herausgefunden, womit ich meinen lieben Mirkko auf die Palme bringen kann: Wenn ich nämlich erwähne, dass 1987 der damalige Direktor der Metroverwaltung von Helsinki wegen Bestechung bestraft wurde. Er hatte von Siemens (sic!) 80.000 deutsche Märker und – wie könnte es bei dem vielen Wasser in und um Helsinki anders sein – ein Motorboot erhalten. Mirkko hat mir bei solchen Gelegenheiten schon mehrfach die Freundschaft aufgekündigt. Allerdings war er stets sofort wieder versöhnt, wenn ich ihm erzählte, wie es mit solchen Dingen bei uns in Deutschland aussieht (und anderswo) ... Na ja, um ehrlich zu sein, solche Geplänkel sind ein beliebtes Spielchen zwischen Mirkko und mir, weil sie uns jedes Mal Anlass zu einem Versöhnungsabend geben.

So. Und zum Abschluss sei noch erwähnt, dass die Metroverwaltung von Helsinki plant, bis 2011 alle Züge vollautomatisiert zu fahren, das heißt, ohne Zugpersonal, insbesondere ohne Triebfahrzeugführer. Und das Streckennetz wird Richtung Westen, nach Espoo, erweitert. Worauf die Finnen besonders stolz sind: Alle Stationen sollen bahnsteigseitig mit automatischen Türen versehen werden, die sich erst öffnen, wenn der Zug in der Station hält.

Ich hatte bei diesem Thema echte Probleme, Mirkko aus einer Depression zu holen (in die ich ihn, ich muss es gestehen, allerdings selbst erst vorher getrieben hatte): Als er mir, stolz wie Oskar, von diesen Plänen erzählte, berichtete ich ihm (ja, wir müssen uns halt immer ein bisschen gegenseitig »ärgern«), dass es sowas schon (ätsch!) gibt. Zumindest am Rhein-Main-Flughafen Frankfurt verkehrt die Magnetschienenbahn zwischen Terminal A und B ohne Fahrer, und auch dort wartet man auf den Stationen hinter »automatischen« Glastüren, die erst dann den Einstieg freigeben, wenn der Zug angehalten hat. Warum in Helsinki jetzt auch dieses extrem teure und aufwändige System installiert werden soll: keine Ahnung. Vielleicht zu viel Geld in der Betriebskasse? Aber die klugen Planer werden schon eine Begründung parat haben, irgendein »Totschlag-Argument«, gegen das keine Einwände mehr möglich sind.

Mirkko kann das alles kaum erwarten und hat schon heute seinen Wecker gestellt, weil er unbedingt auf dem ersten fahrerlosen Zug sein will. Anneli, wesentlich nüchterner urteilend als ihr Ehemann, hatte dafür, als wir uns darüber unterhielten, in ihrem speziellen Deutsch einen Kommentar parat: »Verrückte Volksleute, die Finnen!«

Das Wichtigste in Kürze

1. einige Vokabeln

katu	Straße
laulu	Lied
hullu	»Blödmann«, »Spinner«
kermakakku	Sahnekuchen
kerma	Sahne
kakku	Kuchen
jäätelö	Eis (Speiseeis)
Kustaa	Gustav
miekka	Schwert, Degen
susi	Wolf
saari	Insel
vanha	alt
ystävä	Freund

2. und einige (manchmal nicht ganz ernst gemeinte) Tipps

Möchtet ihr den neuen Bekannten oder Freunden, die ihr in
Helsinki gefunden habt, eine besondere Freude bereiten, ladet
sie zu einer Fahrt mit der Metro ein. Äußert dabei eure Bewunderung und uneingeschränkte Begeisterung für dieses sagenhafte Fortbewegungsmittel (immerhin handelt es sich um
die nördlichste U-Bahn Europas! Was immer das auch zu be-
deuten haben mag ...). Ihr werdet mit etwas Glück an der End-
haltestelle von sämtlichen Mitreisenden auf den Schultern aus
der Station getragen werden.

Eine kleine Anmerkung am Rande: Es gibt Finnen, die außerhalb von Helsinki auf dem Land wohnen und angeblich über
die Helsinkianer als »verweichlichte Städter« die Nase rümp-
fen. Für sie beginnt das »echte« Finnland erst jenseits der Ring-
straße 3. Die umgibt die Hauptstadt halbkreisförmig und wird
von den hartgesottenen »Reinkultur-Finnen« als »Wolfsgrenze«
bezeichnet.

Solltet ihr zufällig meinen Freund Matti treffen, könnt ihr sein
Herz im Flug erobern, wenn ihr ihn nach dem »Hollola-laulu«
fragt. Es kann allerdings passieren, dass ihr beide anschließend
wegen nächtlicher Ruhestörung Scherereien bekommt, falls
die Tageszeit schon fortgeschritten sein sollte. Denn Matti verfügt über einen zwar nicht schönen, dafür aber umso kräftige-
ren Bass ...

Einer der schönsten Orte in Finnland: maatalous- ja rautakauppa

Heute möchte ich euch, meine lieben Leserinnen und Leser, auf einen Sprung mitnehmen in einen der spannendsten, reizvollsten und gleichzeitig wichtigsten Orte Finnlands. Zumindest, wenn ihr ein eigenes Sommerhäuschen in Suomis Natur euer Eigen nennen. Oder sich im angemieteten Urlaubsdomizil die Halterung für die Saunasitzbank gelockert hat, weil euer deutscher Freund Oskar, der Zweieinhalb-Zentner-Mann, sich bei seinem Besuch (er hat das Nachbarhaus gemietet und schon dort die Bank ruiniert ...) mit Verve auf die Bohlen fallen ließ. Oder ihr den Stöpsel für den Bodenabfluss des Bootes verschlampt habt. Oder, weil die Gasflasche des Kühlschrankes (Jawohl! Hier gibt es ggf. Kühlschränke, die mit Gas betrieben werden!) leer ist und ersetzt werden muss. Oder, weil ihr eurem finnischen Kumpel Aarne eine Schneeschaufel zu seinem Geburtstag schenken möchtet. Oder, oder, oder ...

Also, ihr treuen Leserinnen und Leser, ich will mit euch ins maatalous- ja rautakauppa. Ha, ha, jetzt sucht ihr womöglich angestrengt auf der finnischen Landkarte, wo dieser seltsame, von mir so hochgepriesene Ort wohl liegen mag ... Tja, da werdet ihr kaum Erfolg haben.

Denn »maatalous- ja rautakauppa« heißt auf Deutsch wörtlich »Landwirtschafts- und Eisenhandel« (»maatalous« = »Landwirtschaft«, »rauta« = »Eisen«, »kauppa« = »Geschäft, Laden, Handel«) und ist ein in praktisch allen halbwegs bevölkerten Orten Finnlands zu findender Handel mit Baumaterialien und Ähnlichem.

In diesen himmlischen Gefilden stapeln sich in den endlosen Regalen: Eisenwaren, Farben, Fliesen, Werkzeuge jeglicher Art, angefangen von Schraubendrehern über Hämmer, Äxte und Beile bis hin zu Holz-Spaltmaschinen; es gibt Außenbordmotoren, Hufeisen, Arbeitsschuhe, Saunazubehör, Ketten und Bootsanker, Profilbretter und Leisten, Gartenstühle und -tische, Mikrowellen, Rasensamen, Ungeziefer-Vernichtungsmittel, Gaskocher und Fahnen, Wimpel und die finnische Nationalflagge, Rasenmäher und Motorsägen, Fertigmörtel und Dünger, Nägel, Schrauben, Muttern, Haken und Ösen, und ich weiß nicht, was noch. Im Außenbereich lagern ungehobelte Planken, Steg-Bausätze und Boote, Anhänger und Wasser- sowie Abwassertanks, Pflanzen und Backsteine und Unmengen von anderen Baumaterialien.

Ich höre schon die Stimmen mancher Leserinnen und Leser: »Ach so, das ist ein stinknormaler Baumarkt, wie es ihn bei uns um die Ecke auch gibt. Warum schwärmt dieser seltsame Bücherschreiber von so etwas? Weshalb berichtet er uns nichts von der herrlichen Landschaft und den Sehenswürdigkeiten? Dieser kauzige Mensch glaubt wohl, uns verschaukeln zu können?« – Nein, ihr Neunmalklugen, das ist kein deutscher Baumarkt. Ich erzähle vom rautakauppa, und das ist kein durchgestyltes Geschäft mit Einkaufs-»Wägelchen«! Das maatalousja rautakauppa ist eine Offenbarung für jede(n) handwerklich Interessierte(n), ein Hort glücklichen Suchens und Findens. Ein Platz, wo die Sonne der Nagel-, Schrauben-, Sägen- und Axt-Liebhaber niemals untergeht, ein Holz-, Eisen- und Mörtel-Kolosseum, in dem man nicht nur bei Dauerregen Stunden zubringen kann. Es ist das Zentralgestirn am Himmel der Heimwerkerinnen und Heimwerker: Hier kann man

Hufeisen in die Hand nehmen, sie befühlen und sogar an ihnen riechen, Nägel und Schrauben nicht in Fertigpackungen erstehen, sondern selbst in einer Papiertüte abwiegen, die Einstiegleiter finden, die, am Steg angeschraubt, das i-Tüpfelchen am Sommerhaus darstellt, den Plastik-Schöpflöffel für den Aufguss kaufen, den Matti bei Saunabesuchen immer zur Portionierung seines »Verdauungsschnapses« benutzt.

Ach, was gibt es hier für wunderbare Sachen: Eisenstangen verschiedener Stärken, mit und ohne Schraubgewinde, Einbein-Melkschemel, Mini-Traktoren, von denen jeder anständige Mann seit Jahren träumt, Schwimmthermometer, um die Wassertemperatur im saukalten See endlich mal messen und nach Hause melden zu können, Teleskop-Angelruten und Wurfangeln, Kescher unterschiedlicher Größen, Gummireifen für die Schubkarre ... die Liste lässt sich schier ins Unendliche fortsetzen ...

Als ich das erste Mal mit Matti hierher kam (er wollte zwei Schrauben kaufen, um die lose Tür des Schrankes zu befestigen, in dem er – kein Witz! – in der Garage seine Schrauben aufbewahrte ...), klärte er mich freundschaftlich auf: Während er seine zwei Schrauben suchte und abwog, könne ich mich ja in Ruhe umsehen. Falls wir uns in zwei bis drei Stunden nicht wieder getroffen hätten: Er sei entweder in der Schraubenabteilung oder bei den Traktoren zu finden. Nötigenfalls könne ich ihn auch über Lautsprecher ausrufen lassen, es gebe hier eine speziell ausgebildete Mitarbeiterin für diesen Zweck, die auch Deutsch spreche. Falls erforderlich, solle ich mich ganz einfach an die Information wenden.

So, ihr vor Hochspannung bibbernden Leserinnen und Leser: Wie unser Einkauf verlief, möchtet ihr wissen?

Nun, nach Ablauf der vorgesehenen Zeit riss ich mich mit Anstrengung von den Regalen mit den in Finnland besonders ausgefallen geformten Türschlössern und -griffen los und startete meine Suche nach Matti. Ich durchkämmte zuerst für etwa zwanzig Minuten die Schrauben- und Mutternabteilung – ohne Erfolg. Bei den Traktoren standen die Finnen Schlange, um einmal auf einem davon Platz nehmen zu können: aber kein Matti. In der Farbenabteilung (die ich durchqueren musste, um zu den Bootsmotoren zu kommen, wo ich meinen lieben Matti am ehesten vermutete), saßen diverse Männer erschöpft und halbtot auf irgendwelchen Hockern. Grund: Die zugehörigen Frauen konnten sich nicht entscheiden, ob das Pastell- oder das Zitronengelb die richtige Farbe für das Badezimmer sei – Na gut, derartiges kannte ich schon aus Deutschland ... Aber auch hier war kein Matti zu sehen.

Schließlich, nach etwas mehr als einstündiger Suche, beschloss ich, Matti ausrufen zu lassen. Ging also zur Kasse, die gleichzeitig auch Infostand, Aufbewahrungsbüro und Bestellzentrum für sämtliche Artikel war. Sowie, ich glaube, auch Dependance der örtlichen Apotheke zur Ausgabe der am Vortag georderten Medikamente – und Annahmestelle für Termine beim kampaamo (»Damenfriseur«) und parturi (»Herrenfriseur«). Kann aber auch sein, dass ich mich da jetzt falsch erinnere.

Jedenfalls: Eine lange Schlange missmutiger Damen stand da, und es wurde mir bedeutet, ich solle eine Nummer ziehen, zwecks korrekter Reihenfolge bei der Bedienung. Nach und nach wurde mir klar: Die finnischen Mädel warteten hier teilweise seit Stunden auf ihren Ehe- oder sonstigen Gefährten, der in diesem Universum der Werkzeugkisten und -kästen unbekannt verschollen war. An einem Gestell an der Rückwand besagter Kasse/Infozentrale/Annahmestelle sah ich sogar einige Gebilde hängen, die mich stark an Pferdezaumzeug erinnerten: Lauf- und Haltegurte für männliche Begleiter, wie wir sie für Kinder kennen. Die wurden, wie ich erleben konnte, auf Wunsch kostenfrei an die Damen ausgeliehen und dienten dazu, den Mann bei Bedarf von beispielsweise den Vorschlaghämmern weg und hin zu den Vorhängen etc. zu ziehen.

Als die Reihe an mir war, nannte ich den Vor- und Nachnamen meines schmerzlich vermissten Freundes. Mehr war nicht nötig: Die zuständige Info-Mitarbeiterin nickte verständnisvoll. Und: Täuschte ich mich, oder streifte sie mich mit einem mitleidigen Blick?

Wie auch immer, sie nahm das Mikrofon zur Hand, und dann hörte ich durch die Sprechanlage: »Matti, heti tänne!«, und zwar durchaus nicht als zärtliches Gesäusel! Das heißt zu Deutsch nicht etwa: »Herr XY, bitte seien Sie so freundlich, und melden Sie sich an der Information, Sie werden dort erwartet.« Nein, die korrekte Übersetzung ihrer Durchsage lautet: »Matti, sofort hierher!« Und, liebe Leserin, lieber Leser, ihr werdet es vielleicht nicht glauben, aber es ist nicht gelogen: Nach einer Minute war Matti da! Zwar lugte hinter einem Berg von Baumaterial inkl. Fensterkitt, den er auf den Armen trug, lediglich noch seine Nasenspitze hervor, aber es gab keinen Zweifel: Es war Matti. Grinste unschuldig wie ein Honigkuchenpferdchen, stapelte alles auf den Kassentisch, kramte zwei Schrauben (!) aus seiner Hosentasche, legte sie dazu und meinte dann tiefschürfend: »No niin.« Was sinngemäß wohl bedeutete: »Wozu die Aufregung, hab' alles erledigt und war, wie verabredet, in der Schraubenabteilung.«

Wir luden damals den Großeinkauf auf seinen »kärryt« (»An-hänger«), wobei zu meiner Überraschung Matti auch noch einige Klafter Profilbretter auf dem Außengelände bereitgelegt hatte. Die wollte er zur Verkleidung des »huussi« (das ist die bei den Finnen gängige Bezeichnung für das Plumpsklo auf dem Sommerhausgelände) benutzen. Auch hier gab's für mich ein Novum: Matti schnappte sich eine halb verrostete Fuchs-schwanz-Säge, die zu diesem Zweck bei den Holzstapeln zu finden war und kürzte die Bretter, so dass sie auf seinen An-hänger passten und dort festgezurrt werden konnten.

Anschließend ging es im Affenzahn-Tempo nach Hause. Die Eile begründete Matti damit, dass die Lichter am Anhänger nicht funktionierten: »Muss ich snell (schnell) fahren, sonst kommt poliisi (»Polizei«).« Wir sind glücklich daheim ange-kommen, allerdings zogen wir eine »Mehlspur« hinter uns her, weil ein Papiersack mit Fertigbeton-Mischung beim Sprung durch eines der vielen Schlaglöcher auf der Straße den Geist aufgegeben hatte und rieselnd seinen Inhalt verlor.

Wie erstaunt war ich, als ich am Abend desselben Tages unter einigen Gästen, die Matti und Päivi eingeladen hatten, jene Mitarbeiterin vom Infostand des rautakauppa wiedertraf: Sie war Mattis Schwägerin und kannte ihren Pappenheimer. Da erschien ihre energische Durchsage vom Nachmittag aller-dings in einem wesentlich verständlicheren Licht.

Übrigens: Die Tür vom Schraubenschrank in der Garage hing bei meiner Abreise noch genauso windschief und locker in den Angeln wie bei meiner Ankunft ...

Jetzt also, ihr Lieben, habt ihr, hoffe ich, eine Vorstellung davon, was ein Besuch im maatalous- ja rautakauppa bedeutet. Seid demnach so klug, und lasst euch diesen Höhepunkt finnischer Lebens- und Einkaufskultur nicht entgehen. Am besten, ihr begleitet eines der einheimischen Manns-, vielleicht auch Weibsbilder bei deren Einkauf in diesen allen Finnen heiligen Hallen. Es dürfte keinerlei Schwierigkeiten bereiten, jemanden aus eurem finnischen Bekanntenkreis zu einem derartigen Einkaufsbummel zu bewegen: Die Durchschnittsfinnin, insbesondere aber der Durchschnittsfinne, ist mindestens einmal an jedem Wochentag dort.

Das Wichtigste in Kürze

1. einige Vokabeln

maatalous	Landwirtschaft
rauta	Eisen
kauppa	Geschäft, Laden, Handel
kampaamo	Damenfriseur
parturi	Herrenfriseur
heti	sofort
tänne	hierher
kärryt	Anhänger (am Auto)
huussi	Plumpsklo (beim Sommerhaus)
poliisi	Polizei

2. und einige (manchmal nicht ganz ernst gemeinte) Tipps

Schleppt ein Finne euch mit in ein rautakauppa, wappnet euch mit Geduld. Auch, wenn er lediglich ein Stück Fliegengitter fürs Fenster der Sauna kaufen will, kann es durchaus passieren, dass er nach zwei, drei Stunden mit einem neuen Saunaofen ankommt. Und mit den dazugehörenden Aufguss-Steinen. Und einem neuen Saunabottich. Und mehreren neuen Haken für die Handtücher. Und einigen Rollen Plastikteppiche für den Saunavorraum.

Die neue Sauna, die er auch gekauft hat, wird allerdings erst am nächsten Tag angeliefert. Ihr dürft dann beim Aufbau helfen.

Nebenbei, nur so zum Spaß: In der Region Savo (Mittelfinnland) haben die Menschen einen speziellen Dialekt. Da wird dann beispielsweise aus »rautakauppa« das »raaaatakaaaapa«. Müsst ihr aber nicht unbedingt wissen.

Raus aus Helsinki, nach Lahti und Heinola

Über die finnische Hauptstadt und ihre Sehenswürdigkeiten, auch ihre Menschen, könnte man ein ganzes Buch schreiben. Etliche Autoren haben das ja auch getan, und es gibt zahlreiche Reiseführer, die alles Erwähnenswerte in dieser faszinierenden Stadt lückenlos beschreiben. Ich bin stets voller neidloser Bewunderung für die Verfasser(innen) derartiger Bücher (und das meine ich wirklich ehrlich!), dass sie es schaffen, eine so unfassbare Fülle an Detailinformationen und an Wissen in ihre Werke zu packen. Da habe ich es doch deutlich einfacher: Ich schreibe einfach drauflos; meine finnischen Freunde, Bekannten und Verwandten und der Alltag in Finnland liefern mir genügend Stoff. Da brauch' ich nix zu recherchieren, alles, was mir vor die schriftstellerische Haustür gekippt wird, ist original und originell ...

Weil es so viele hervorragende und interessante Reiseführer über Helsinki gibt, verweise ich auf diese Lektüre, falls ihr mehr Faktenwissen über die »weiße Stadt des Nordens« benötigt. Bleibt ruhig in dieser Metropole Finnlands, solange ihr mögt. Ich allerdings mach' mich jetzt auf nach Norden. Besser gesagt, Richtung Mittelfinnland: nämlich nach Lahti und Heinola.

Als ich diese Städte vor vielen Jahren mal mit einem Freund aus Sachsen (Aha! Jetzt wird klar, warum Deutschland von den Finnen »Saksa« genannt wird) besuchte, gab der mir ein Lehrbeispiel dafür, wie ein Dresdner finnische Ortsnamen auszusprechen beliebt. Ich bin nicht sicher, ob ich lautmalerisch seine damalige Schilderung des Reiseweges wiedergeben kann, will es aber gerne probieren. Wenn ich mich recht erinnere, hörte sich das etwa so an: »Mer fohrn von Hel*sinnn*gi erscht noch Lo*aaaa*di und von dort noch Hain*ooo*la.« Seine sehr individualistische Betonung der jeweiligen Städtenamen habe ich versucht, durch Kennzeichnung der entsprechenden Silben in obigem Text kenntlich zu machen.

Irgendwann kamen wir übrigens, seinen Worten zufolge, in »Guop*iiii*o« an. Euch als gewiefter Finnlandkennerin bzw. »altem« Finnlandkenner brauche ich wahrscheinlich nicht explizit zu erklären, dass mein sächs'scher Freund damit die Stadt »Kuopio« meinte. Tu' ich aber trotzdem, der Sicherheit halber.

Übrigens schätze ich meinen damaligen Reisegefährten bis heute sehr, und er weiß auch, dass seine Aussprache des Finnischen immer wieder Anlass zu Heiterkeit gab (und gibt ...). Und gleichfalls ist ihm bekannt, dass ich in »Mehr Finnen? Mehr Finnen!« hiervon erzähle. Er hat es mit Schmunzeln und, wenn mich nicht alles täuscht, mit einem gewissen Stolz registriert.

Also, wir sind jetzt auf der Fahrt nach Lahti. Schön, dass ihr doch mitgekommen seid. Die Strecke von Helsinki bis zu dieser Stadt ist nicht besonders lang; etwa 100 Kilometer sind es. Für die meisten Finnen ist das ein »Katzensprung«, sie sind in ihrem recht dünn besiedelten Land ganz andere Entfernungen gewöhnt (leider haben die Finnen den Begriff »Katzensprung« meiner Kenntnis nach in ihrer Sprache nicht. Wörtlich ins Finnische übersetzt hieße er »kissanhyppy«; »kissa« = »Katze«, »hyppy« = »Sprung«. Wollen die Finnen ausdrücken, dass der

Weg von A nach B nur ganz kurz ist, sagen sie beispielsweise: »kivenheiton matka«. Dieser Ausdruck bedeutet im Deutschen wörtlich »Strecke eines Steinwurfes« (»kivi« = »Stein«, »heitto« = »Wurf«, »kivenheitto« = »Steinwurf«, »matka« = »Reise«, »Strecke«). Wir Deutschen benutzen dieses Bild ja auch: »Das Haus steht nur einen Steinwurf weit entfernt«).

Lahti dürfte die in Mitteleuropa neben Helsinki wohl bekannteste finnische Stadt sein: Jedenfalls habe ich kaum einen Mitteleuropäer kennen gelernt, ob deutscher, englischer, französischer oder anderer Nationalität, der nicht sofort bei Erwähnung des Namens »Lahti« mit strahlenden Augen kundgab, dass ihm die dortigen Sprungschanzen und die entsprechenden Skisprung-Wettbewerbe ein Begriff sind. So genießt diese gar nicht so große Stadt (etwa 100.000 Einwohner) internationales Renommee. Die Sprungschanzen stehen, nicht nur optisch die Stadt überragend, im Mittelpunkt von Lahti. Sie sind ein in ganz Finnland bekanntes Wahrzeichen. Ich behaupte mal, dass ausnahmslos jede Finnin und jeder Finne das Salpausselkä-Skistadion kennt.

Die ebenfalls in Lahti zu findende Sibelius-Halle, eine architektonische Sehenswürdigkeit, im Jahr 2000 errichtet, ist unter den sportfanatischen Finnen wahrscheinlich ebenfalls bekannt, jedoch vermutlich vergleichsweise nicht ganz so berühmt. Dieses Gebäude, laut meinen Informationen das einzige hölzerne Konzerthaus der Welt, wurde nach Plänen der Architekten Hannu Tikka und Timmo Lintula gebaut. Sie lösten die schwierige Aufgabe, ein aus dem Jahr 1907 stammendes Sägewerk am Hafen von Lahti in den neuen Gebäudekomplex einzubinden, in avantgardistischer Manier: Sie verwendeten Holz für die Neukonstruktion und benutzten damit ein Material, das gerade in Lahti mit seiner traditionellen Holzbau- und Möbelfabrikation seit alten Zeiten und bis heute eine zentrale Rolle spielt. Als zweites gestalterisches Element kam Glas zum Einsatz. So entstand ein Gebäude, das mit seinem kontrastreichen Zusammenspiel von Backstein, Holz und Glas, mit ausgezeichneter Akustik und der einmaligen Lage am Binnenhafen der Stadt seinesgleichen sucht. Das Sinfonie-Orchester von Lahti, »Sinfonia Lahti« genannt, genießt zudem einen hervorragenden Ruf, auch über Finnland hinaus.

Alvar Aalto (1898-1976), der nicht nur in Fachkreisen verehrte finnische Architekt und Designer, entwarf die »Ristinkirkko« (»Kreuzkirche«, »risti« = »Kreuz«, »kirkko« = »Kirche«) in der Kirkkokatu 4 (»Kirchenstraße«, »katu« = »Straße«). Seine Pläne sorgten damals für reichlich Diskussionsstoff in den zuständigen Gremien: Fast sieben Jahre dauerte es, bis man sich auf den Neubau einigte.

Für alle, die nicht nur nach touristischen Sehenswürdigkeiten in den von ihnen besuchten Orten suchen, sondern es insbesondere genießen, die Atmosphäre einer Lokalität zu erspüren, sei ein Spaziergang am Kai des Hafens in Lahti empfohlen. Hier finden sich neben zahlreichen Schiffen, die in vergangenen Tagen die Wellen des Vesijärvi (»Wassersee«, »vesi« = »Wasser«, »järvi« = »See«) durchpflügten und nun als Restaurantschiffe vertäut liegen, auch einige hübsche, romantische Cafés in den alten Lagerschuppen. Das Ambiente dieser Räumlichkeiten ist schwer zu beschreiben, aber jede Besucherin und jeder Besucher, die einmal dort waren, werden bestätigen, dass es etwas typisch Finnisches gibt: Sind es die winzigen Zimmer, die etwas Anheimelndes ausstrahlen, so dass man die Empfindung hat, sich in Privaträumen aufzuhalten? Ist es die Tatsache, dass die in der Regel stille, zurückhaltende Art der Bedienungen in ihren Rüschenschürzen hinter den Minitheken einfach anders ist als bei uns? Ist es das oft selbstgebackene pulla (Hefegebäck) oder sind es die wenigen Torten und der Blaubeerkuchen, die irgendwie so etwas wie ein Gefühl des »Zuhause-Seins« in uns auslösen? Ist es der Duft nach Kardamom, Zimt und Kaffee? Ich kann es nicht eindeutig beantworten, doch viele der Menschen, mit denen ich hierüber gesprochen habe, kennen diese Stimmung in den kleinen finnischen kahvilas (»kahvila« = »Café«), und sie trägt einen nicht unerheblichen Teil zu den schönen Erinnerungen an Finnland bei – übrigens nicht nur für uns Ausländer, sondern, wie ich weiß, auch für die Finninnen und Finnen selbst, die fernab ihrer Heimat in fremden Landen leben.

Nachdem wir uns nun aber ausgiebig in den weichen Polstern der altmodischen Sesselchen in einem dieser Cafés geräkelt und uns ein Stück Blaubeerkuchen (oder auch mehrere) einverleibt haben, lasst uns aufbrechen nach Heinola, diesem von mir schon seines Namens wegen so geliebten Ort. Ohne dass es überheblich klingen soll (ich weiß selbst, wie viele Sprachfehler ich im Finnischen mache, von Schreibfehlern ganz zu schweigen): Es amüsiert mich einfach stets aufs Neue, wie dieser Ortsnamen von vielen Deutschen ausgesprochen wird. Aber das wisst ihr schon, und so will ich es hier nicht nochmals ausführen.

Von Lahti nach Heinola sind's knappe dreißig bis vierzig

Kilometer, das Städtchen (Stadtrechte seit 1839) mit um die 20.000 Einwohnern bietet zwar nach herkömmlichen Vorstellungen nicht sehr viele Attraktionen. Es lohnt sich jedoch die Besichtigung des sog. Aschan-Hauses, das als Museum erhalten ist, mit kompletter Innenausstattung und einem hübschen Garten (Kauppakatu 3); das Alltagsleben einer herrschaftlichen Familie im 18. Jahrhundert (Heinola war damals Provinzhauptstadt, und im Aschan-Haus residierte der Gouverneur) lässt sich hier erspüren.

Mit Heinola verbindet sich für mich jedoch eine sehr persönliche Erinnerung, von der ich hier erzählen möchte. Ein ganz lieber finnischer Verwandter namens Esko wohnt dort, und er war vor vielen Jahren Hauptakteur eines speziellen »Dramas« – neben einem Kater mit dem typisch finnischen Katernamen »Mörri«. Dazu muss man wissen, dass Eskos Frau Helmi Katzen liebt. Eskos Zuneigung für die Mäusefänger ist dagegen eher gering ausgeprägt. Aber für seine liebe Helmi nimmt er alles in Kauf, so auch über viele Jahre Kater Mörri. Mörri war ein alter Schlawiner, streunte durch die Gegend, schwängerte diverse Katzendamen und lieferte sich so manches Kämpfchen mit verschiedenen Rivalen. Unter anderem trug er bei diesen Auseinandersetzungen als bleibende Blessur ein eingerissenes rechtes Ohr davon. Dieses »Markenzeichen« war allerdings, das muss der Genauigkeit halber und zur Entschuldigung für Esko erwähnt werden, nicht auf den ersten, flüchtigen Blick hin erkennbar. So. Und wenn ihr jetzt fragt, liebe Leserin, lieber Leser, aus welchem Grund ich hier so ausführlich von einem Kater und von Helmi und Esko erzähle: Wartet's ab, die Geschichte fängt ja gerade erst an ...!

Esko als Frühaufsteher liebt es besonders in den Sommermonaten, in den ersten Stunden des noch jungen Tages auf dem wunderbaren, weitläufigen Grundstück, auf dem sein und Helmis Häuschen steht, umherzuwandern, in jener Ecke mal nach den Erdbeeren zu schauen, in dieser nach dem Erbsenbeet und so weiter und so fort. So auch an jenem denkwürdigen Freitag: Gutgelaunt und ganz ohne Arg schlenderte er über den frisch gemähten Rasen Richtung Sauna und liiteri (»liiteri« = »Schuppen«), schnupperte die frische Morgenluft und freute sich auf den dampfenden Kaffee und kaurapuuro (»Haferbrei«, »kaura« = »Hafer«, »puuro« = »Brei«), den er und Helmi in einigen Minuten verspeisen wollten.

Es war ein herrlicher Sommermorgen, die Sonne blickte vom klaren, blauen Himmel, und so begann der Tag vielversprechend. Doch was war da Dunkles beim liiteri? Esko schwante mit einem Mal nichts Gutes. Vorsichtig näherte er sich und schrak zusammen: Da lag Mörri und rührte sich nicht. Lag da regungslos, ein zerknautschtes, vom Morgentau nasses Bündel: tot.

Könnt ihr euch, liebe Leserinnen und Leser, in die Situation hineinversetzen? Eskos erster Gedanke: Wie bringe ich das Helmi bei? Schließlich war Mörri ihr Liebling. Zweite Überlegung: Besser, ich begrabe den Kater sofort, damit Helmi ihn gar nicht zu sehen bekommt und erzähle ihr das Ganze mit schonenden Worten. Also holte er Spaten und Schaufel, hob in der Nähe des großen Fliederbusches hinter dem liiteri das Grab für Mörri aus, entsprechend tief, legte ihn hinein, schaufelte das Loch wieder zu und begab sich nach getaner Arbeit schweren Herzens ins Haus zum »Morgenkaffee«. Ein wahres

Trauerfrühstück wurde das, muss ich euch sagen. Helmis Tränen flossen reichlich. Sogar Eskos Gemüt, ansonsten nicht leicht zu bewegen, außer wenn es um Eishockey und das Thema Steuern geht, wurde niedergedrückt. Anders ist es nicht zu erklären, dass er auf Helmis Wunsch hin nach dem Frühstück einen Stock mit einer Holztafel, die Mörris Namen trug, auf dem Grabhügel aufrichtete. Und im weiteren Verlauf des Tages musste er gemeinsam mit Helmi dort einen Rosenbusch pflanzen, den sie mit ihren Tränen benetzte ...

Der anfangs so unbeschwerte Tag verlief trist, Helmi – und als Folge davon auch Esko – war niedergeschmettert und weinte des Öfteren still vor sich hin. Immer wieder stand sie vor Mörris Grab und sprach leise Worte: Waren es Gebete, oder rief sie Erlebnisse mit ihrem geliebten Kater in ihre Erinnerung zurück? Ich kann es nicht sagen. Eins aber weiß ich, zumindest berichtete mir Esko davon: Vor dem Einschlafen schluchzte sie unter Tränen, sie wünschte, Mörri sei nicht tot.

Jedem Tag, und sei er auch noch so traurig, folgt ein neuer. Esko erhob sich am nächsten Morgen, um das Kaffeewasser aufzusetzen. Noch im Schlafanzug schlurfte er in die Küche – und brach fast zusammen: Wer saß da quietschvergnügt am Herd? Wer blinzelte ihn aus schlauen Äuglein an? Wer machte einen Buckel und reckte und streckte sich genüsslich? Wer forderte mit kräftigem Miauen sein »Kater-Frühstück« ein? Jawohl, jawohl, meine Lieben, ihr mögt es glauben oder auch nicht: Mörri. Saß da in voller Leibesgröße im morgendlichen Halbdunkel der Küche. Esko, starr vor Schreck, brachte nur gurgelnde Laute hervor, die Helmi auf den Plan riefen. Sie starrte den Geisterkater an. Schwach, mit zitternden Knien, lehnten beide im Rahmen der Küchentür ... Das konnte nicht sein, schließlich hatte Esko den Kater am Vortag achtzig Zentimeter tief im Garten eingebuddelt. Und eine Gedenktafel gesetzt. Und einen Rosenbusch gepflanzt.

Die beiden zweifelten an ihrem Verstand: Sollte etwa Helmis »Gute-Nacht-Wunsch« in Erfüllung gegangen sein? Hatte sie übernatürliche Kräfte und konnte Tote zum Leben erwecken? Beide glitten zu Boden, saßen in der Türöffnung und streichelten Mörri, der, behaglich schnurrend, um ihre Beine strich.

Bald aber kam die Aufklärung: Der Nachbar erschien kurze Zeit später, um zu fragen, ob Helmi oder Esko seine Katze gesehen hätten. Sie sei seit mehreren Tagen verschwunden, und er mache sich Sorgen, weil sie noch nie so lange weg geblieben und außerdem ja auch schon so alt sei ... Jetzt geht euch, liebe Leserinnen und Leser, natürlich ein Licht auf – und ebenso erging es Helmi und Esko: Die tote Katze war die gesuchte von Nebenan, sie war ganz ähnlich gezeichnet wie Mörri. Und Esko in seinem Beerdigungs-Stress hatte weder bemerkt, dass es sich bei dem verschiedenen Mäusefänger nicht um einen Kater handelte, noch, dass das rechte Ohr intakt war.

Trotz Helmis Glückseligkeit, als sie erkannte, dass ihr Mörri nicht das Zeitliche gesegnet hatte, war dieser Tag für Esko nichts weniger als angenehm. Noch heute überfällt ihn Zittern und Zagen, läuft sein Gesicht purpurrot an wie ein Ichweißnichtwas und sucht er fluchtartig das Weite, wenn dieses Erlebnis zur Sprache kommt – und das tut es bei Familientreffen regelhaft, allein, weil alle diese makaber-schwarzhumorige Geschichte nicht oft genug hören können ...

Das Wichtigste in Kürze

1. einige Vokabeln

Saksa	Deutschland
kissa	Katze
hyppy	Sprung
kivi	Stein
heitto	Wurf
matka	Reise, Fahrt, Strecke
risti	Kreuz
kirkko	Kirche
vesi	Wasser
järvi	See
kahvila	Café
liiteri	Schuppen
kaurapuuro	Haferbrei
kaura	Hafer
puuro	Brei

2. und einige (manchmal nicht ganz ernst gemeinte) Tipps

Erwartet in den kleinen finnischen Cafés, besonders außerhalb von Helsinki, nicht das Kuchen- und Tortenangebot, das ihr von Deutschland oder Österreich her gewohnt seid. Hier liegen auf kleinen Tabletts ggf. einige Hefeteilchen, daneben stehen meist vielleicht zwei oder drei unterschiedliche Torten. Das Gebäck ist oft hausgemacht, aber lecker, lecker. Schiebt jede Furcht vor Kalorienmengen weit von euch, denn die Finnen lieben Butter und Sahne. Zudem sind wir ja gerade in dieses kahvila gegangen, weil wir unser tägliches Kalorien-Soll zügig und mit geringstmöglichem Aufwand erfüllen wollen, stimmt's? Das halten wir hier nicht anders als zu Hause ...

Es ist zwar nicht Standard, kann euch aber durchaus in ländlichen Regionen Finnlands passieren: In manchen Bauernhöfen kann man gegen relativ geringe Bezahlung eine warme Mahlzeit zu sich zu nehmen. Ihr sitzt dann ggf. im Wohnzimmer der betreffenden Familie. Wundert euch in solchen Fällen bitte nicht, wenn von euch erwartet wird, dass ihr eure Schuhe beim Betreten des Raumes auszieht. Habe ich selbst mehrfach erlebt! Das Sockenlaufen hat eben in Suomi eine lange Tradition ...

Nicht nur für Finnen gilt: Trägst du ein totes Tier in der Annahme zu Grabe, es sei dein eigenes, so vergewissere dich vorher, dass es nicht Nachbars Hund, Katze, Hase, Kanarienvogel, Goldhamster, weiße Maus, Goldfisch, Frettchen, Boa constrictor etc. ist!

...t. Pippa ja perhe

Grußkarten zu schicken, dafür gibt es Anlässe genug, liebe Leserinnen und Leser: Geburts- und Namenstage, Hochzeiten, Geburten, Kindstaufen, Genesungswünsche, bestandene Prüfungen, und, und, und. Die jeweiligen Adressaten sind froh und glücklich, dass so zahlreich an sie gedacht wird. Das ist in Finnland nicht anders als hier bei uns. Und die eingetrudelten Karten werden stolz präsentiert, sie werden aufgestellt oder aufgehängt, in Körbchen und anderen Behältnissen gesammelt und gerne auch mehrfach gelesen, angeschaut und herumgereicht.

Mari, eine finnische Ehefrau aus unserem Freundeskreis, blüht alljährlich spätestens zu Beginn der Adventszeit auf und bekommt rote Apfelbäckchen, passend zu ihrer Angewohnheit, die gesamte Wohnung weihnachtsrot zu dekorieren. Aus sämtlichen Lager- und Abstellräumen des Hauses kramt sie dann kistenweise alles hervor, was ihrer Meinung nach vorfestliche Stimmung fördert. Sogar den Teppich im Flur wechselt sie gegen einen roten aus, ebenso den im Wohnzimmer, im Essbereich und in diversen anderen Räumlichkeiten. Kari, ihr Angetrauter, nimmt sie dabei gerne mit dem immer gleichen Vorschlag auf die Schippe: Ob sie nicht auch den weißen WC-Sitz im Gäste-Klo gegen einen roten austauschen sollen ... Und in jedem Jahr kommt es als Folge dieser Bemerkung zu einem heißen Disput zwischen den beiden, den sie offensichtlich sehr genießen ... Wobei ich fest davon überzeugt bin, dass Kari ganz schön frustriert wäre, wenn Mari mal ihrem Dekorationsfimmel nicht in der gewohnten Weise frönen würde.

Wie in mehreren finnischen Familien, mit denen wir befreundet sind, gibt es auch bei Mari und Kari die Sitte, alle Weihnachtskarten an einem roten Band zu befestigen, das dann quer durch die Wohnung gespannt wird. Je mehr Karten ankommen, umso länger wird das Band. Bei Mari ist es ausnahmslos mindestens achtzehn Meter lang, startet oberhalb der Eingangstür, durchquert den Flur, windet sich um die Garderobe, streift die Küchentür (die in der Weihnachtszeit daher nie geschlossen werden kann), nähert sich dann vielversprechend dem joulukuusi (»Weihnachtsbaum«, »joulu« = »Weihnachten«, »kuusi« = »Tanne, Fichte«), biegt jedoch kurz vorher ab in Richtung Bücherschrank. Dort an der linken oberen Ecke angelangt, findet es aber noch nicht sein Ende, nein, es geht zielstrebig weiter ins Schlafzimmer, quer übers Ehebett und in einer scharfen Kurve zurück ins Wohnzimmer, wo es am Kamin in einer umfangreichen »Reserveschlaufe« endet. Je nach Kartenanzahl hängt diese Präsentationsleine an einigen Stellen mehr oder weniger durch, so dass man ggf. im Flur nur mit tief gesenktem Kopf, im Wohnzimmer ausschließlich mit gekrümmtem Rücken und im Schlafzimmer sowieso nur auf Knien oder aber in der Hocke vorwärtskommt.

Weshalb ich das so ausführlich berichte? Nun, das Aufheben und Zurschaustellen von Grußkarten ist, wie unschwer aus dem Geschilderten zu entnehmen, die Leidenschaft von Mari par excellence, und das nicht nur zur Weihnachtszeit. Je größer die erhaltene Kartenflut, umso stolzer ist sie. Dabei bleibt sie nicht nur passiv, sondern sorgt selbst aktiv für die wunderbare Kartenvermehrung: Sie verfügt in ihrer Küche über ein Riesenkalendarium, etwa von den Ausmaßen eines mittelgroßen Garagentores, auf dem chronologisch sämtliche Jubiläen des engeren und weiteren Verwandten- und Bekanntenkreises säuberlich verzeichnet sind, an denen Gratulationskarten an diese versandt werden müssen. Nach meiner jahrzehntelangen Beobachtung in Finnland steht sie damit nicht alleine. Oh nein, durchaus nicht!

Damit kein falscher Eindruck entsteht: Mari hebt die erhaltenen Karten nicht etwa auf, um irgendwann mal eine möglichst umfangreiche Sammlung vorweisen zu können. Es geht ihr vielmehr ganz offensichtlich um den Kartengruß als solchen. Standhaft verteidigt sie diese Marotte, und Matti, der ebenfalls mit Mari und Kari befreundet ist, ist vor Jahren mal ganz schön ins Fettnäpfchen getreten, als wir die beiden gemeinsam besuchten. Mari feierte damals ihren Namenstag. Nachdem wir uns mit einiger Mühe und unter artistischen Körperverrenkungen zwischen den verschlungenen, fast bis zum Boden hängenden Bändern voller Grußkarten bis zur Kaffeetafel durchgekämpft hatten, ließ Matti nämlich die Bemerkung vom Stapel, heutzutage seien Karten doch total veraltet. Schließlich gäb's ja E-Mails (finnisch: »sähköposti«, »sähkö« = »Strom, Elektrizität«, »posti« = »Post«).

Oh je, oh je, liebe Leserinnen und Leser ...! Habt ihr schon einmal erlebt, wie eine zarte, liebreizende Finnin sauer wird? Ihr könnt euch glücklich schätzen, wenn ihr bisher noch nicht Zeugen einer derartigen Situation gewesen seid! Als unbeteiligter Statist der Szene konnte ich, auf dem Sofa sitzend, beobachten, wie Mari immer größer und Matti immer kleiner wurde. Die verführerisch braunen, knusprigen Erdbeertörtchen, die Mari zur Feier des Tages aufgetischt hatte, verschwanden in Windeseile von der Kaffeetafel, außer Reichweite von Matti; glücklicherweise hatte ich mir schon eines davon auf meinen Teller geladen, den ich auf den Knien hielt. Jetzt biss ich schnell ein Stück davon ab, nur zur Sicherheit, man weiß ja nicht, was noch kommt ...

Mari stemmte die ansehnlichen Arme in ihre rundlichen Hüften, ihre Augen schossen tödliche Blitze auf den armen Matti. Und dann brach das Donnerwetter über dem bedauernswerten Burschen los. Der saß mit gesenktem Kopf auf einem Hocker, ausgerechnet unter einem lose herabhängenden Schnurende der »Präsentationsgirlande« mit beiläufig zehn daran befestigten Gratulationskarten. Bei jeder zornigen Sturmbö aus Maris Mund flatterten die ihm um die Ohren, er sank immer mehr in sich zusammen und schickte flehentliche Hilfeblicke im Kreis umher, die aber unerwidert blieben.

Auch ich, ich muss es gestehen, drückte mich in meine Sofaecke und kaute angelegentlich auf meinem mansikkapulla herum (Hefeteilchen mit Erdbeeren, »mansikka« = »Erdbeere«, die deutsche Bedeutung von »pulla« sollte euch inzwischen geläufig sein). Denn, liebe Leserin, lieber Leser: Finninnen in ihrem Zorn sind unerbittlich. Nicht, dass sie ihre vom lieben Gott verliehene natürliche Grazie und Anmut, ihr zartes Antlitz und ihren lieblichen Augenaufschlag verlieren würden, aber ... Na, ja, ich bin überzeugt, ihr habt Fantasie genug, um euch das Szenarium furiosum auszumalen.

Matti, der Schlaumeier, hat nach kurzer Zerknirschung, die bei ihm erfahrungsgemäß sowieso nie lange anhält, das Ganze aber relativ rasch wieder hingebogen: Er schickte Mari einen Kartengruß zur Entschuldigung.

Mari schätzt also die Karten nicht allein der Karten wegen, sondern sieht in den darauf formulierten Segenswünschen und Gratulationen einen Quell der Erbauung und der Wertschätzung ihrer Person. Dieser Sichtweise tut es auch keinen Abbruch, in welcher Art und Weise die Finnen derartige postalische Wünsche etc. in der überwiegenden Zahl der Fälle unter textlichen und »aufwandstechnischen« Gesichtspunkten gestalten. Wobei man auch den Verdacht haben könnte, dass sich da lediglich die nach verbreiteter Meinung auf kommunikativer Sparflamme gegarte Beziehungsstruktur der Finnen im Glückwunschkartentextlichen Bereich manifestiert. Was ich mit dieser komplizierten Formulierung meine? Lest geduldig weiter, die Erläuterungen folgen unten.

Zwangsläufig muss ich nämlich erst mal vor der eigenen deutschen Haustüre kehren ... Schon bei uns ist es ja inzwischen fast ausnahmslos üblich, Karten, wenn überhaupt, dann mit möglichst vorgefertigten Texten zu verschicken. Es ist offensichtlich einfach bequemer so: Man muss keinen kreativen Gedanken an einen halbwegs originellen Wortlaut verschwenden.

Ein guter Bekannter von mir ist seit über zehn Jahren Inhaber einer Geschenk- und Wohnaccessoire-Boutique. Bei ihm sind unter anderem auch Karten für alle Gelegenheiten zu erstehen. Mehrere Drehständer voll hat er davon. Und bei einer Unterhaltung, die wir neulich über dieses Thema führten, bestätigte er mir: Auf einer Klappkarte muss mindestens schon mal die Geburtstagszahl stehen. Besser noch ein passender Text wie »Herzlichen Glückwunsch zur bestandenen Prüfung« oder »Gute Genesung« und ähnliches. Inzwischen gibt's wohl sogar schon Karten, bei denen sich per Drehscheibe die unterschiedlichsten Anlässe textlich einstellen lassen, von »Aufrichtige Trauer« bis zu »Viel Erfolg im Beruf« ...

In diese vorformulierten Karten muss die Absenderin oder der Absender demnach häufig nur noch einsetzen: »... wünschen Michael und Svenja« oder so was. Das kann man sehen und beurteilen, wie man will: als Verarmung unserer kommunikativen Fähigkeiten oder auch positiv als rationelle Arbeitsorganisation.

So weit, so gut. Auch in anderen Ländern ist diese Entwicklung hin zu schablonierten Glück- und Segenswünschen zu beobachten. Letztlich könnte man sagen, dass sich dieses Fertigkarten-Phänomen nicht wesentlich unterscheidet vom Angebot an Tütensuppen, Fertigsoßen und vorgebackenen Pizzen usw. auf dem Sektor der Schnellküchen-Aufwärm-»Kultur«: Es soll Zeit sparen. Zumindest begründet mein alter Freund Leo das so. Aber Leo schickt ja auch aus dem Urlaub allen Freunden und Verwandten ausnahmslos die gleiche Ansichtskarte mit identischem Text. Dabei argumentiert er, dass er seine Freizeit nicht dafür opfern möchte, stundenlang über individuellen Formulierungen zu brüten ... Ich erinnere mich, dass er von einem mehrwöchigen Australien-Aufenthalt Karten versandte mit: »Viele Grüße aus Melbourne, Leo«. Was soll's, es ist der Trend der Zeit, und aus welchem kühlen Grund sollte der in Suomi anders sein?

Jetzt aber, meine Lieben, kommt das finnische Spezifikum: Schließlich bedarf ja die zumindest für deutsche Ohren reichlich seltsame Überschrift dieses Kapitels noch der Erläuterung: »... t. Pippa ja perhe«. »Was soll das denn?«, wird sich sicherlich der Eine oder Andere gefragt haben. »Wir sind ja schon einiges von diesem Bücherschreiber gewohnt, aber das?«

Nun, liebe an allem Finnischen Interessierte: Alljährlich zu den unterschiedlichsten Anlässen trudelt hier bei mir und meiner geliebten Ehefrau Post aus Suomi ein. Das sind ganz überwiegend keine portoschweren Briefe, sondern genau solche Karten, wie auch Mari sie erhält. Ganz besonders zur Weihnachtszeit bringt der Briefträger uns derartige Grüße aus Finnland. Die abgebildeten Motive: rotgekleidete tonttus (»tonttu« = »Weihnachtswichtel«), großzahnig grinsende Elche mit Zipfelmütze auf dem Kopf und Halsglocke, Engelchen in bonbonfarbenen Nachthemden, mit großen Kulleraugen und blonden Zöpfen, schneebedeckte Holzhütten, aus deren Schornstein sich der Rauch kringelt und dergleichen mehr. Glitzerstaub haftet oft auf den bunten Abbildungen, und in großen, goldfarbenen Lettern steht dann sowas drauf wie »hyvää joulua!« (»Gute Weihnachten!«, »hyvä« = »gut«, die deutsche Bedeutung von joulu kennt ihr schon) oder »iloista jouluaikaa!« (»Fröhliche Weihnachtszeit«, »iloinen« = »fröhlich«, »aika« = »Zeit«) oder ähnliches.

Dreht man die Karte um, in der freudigen Erwartung, von den Absendern etwas mehr über ihr Wohlergehen usw. zu erfahren, findet man in der Regel den handgeschriebenen (!!!) Text: »t.« und zum Beispiel die Unterschrift »Pippa ja perhe«. Oder »t. Matti ja Päivi«. Oder irgendeinen anderen Namen mit einem »t.« davor. Was bedeutet nun dieses? Na, »Pippa« ist ein Frauenname, »ja« heißt auf Deutsch »und«, »perhe« ist das finnische Wort für »Familie«. Die Namen »Matti« und »Päivi« werdet ihr vermutlich inzwischen als die unserer lieben Freunde kennen.

Aber »t.«? Staunet, oh staunet, meine Leserinnen und Leser und frohlocket: Während die Deutschen meist immerhin wenigstens noch das Wörtchen »wünschen« oder »wünscht« auf derartigen vorgefertigten Karten ausschreiben, bevor sie ihren Namen hinkritzeln, haben die Finnen sich dieser Mühe längst enthoben. Sie klecksen allenfalls ein »t.« vor ihre Unterschrift, für »toivoo« = »wünscht« bzw. »toivovat« = »wünschen« ...

Was schreiben unsere lieben Verwandten aus Nordfinnland auf ihrem einzigen Kartengruß im Jahreslauf? Eben: »t. ...«. Wie nutzen mein lieber Matti und seine mindestens ebenso liebe Päivi den großzügigen Leerraum auf ihrer jeweils pünktlich Mitte Dezember eintreffenden Weihnachtskarte? Genau: »t. ...«. Welche Karte erhielt ich von einem unserer früheren Aupair-Mädchen, nachdem sie per Internet herausgefunden hatte, dass ich ein Buch über die Finnen verfasst hatte? Richtig: Auf der Vorderseite saß ein offensichtlich hochintelligentes finnisches Eichhörnchen mit Nickelbrille auf der Nase, schwenkte in der linken Hand die finnische Flagge und las gleichzeitig angelegentlich in einem Buch. »Paljon onnea« (»viel Glück«, »paljon« = »viel«, »onnea« = »Glück«) war in goldenen Buchstaben drunter zu lesen! Und auf der Rückseite: »t. Anneli«. Tatsache!

Daher merke: Selbst von allernächsten Verwandten und Freunden wirst du niemals mehr Informationen auf einer finnischen Karte finden als »t. ...«. Und so beende ich diese wahrheitsgetreue Schilderung mit: »Viel Spaß beim Lesen der weiteren Kapitel«

»w.« euer Autor!

Das Wichtigste in Kürze

1. einige Vokabeln

joulukuusi	Weihnachtsbaum
joulu	Weihnachten
kuusi	Tanne, Fichte,
	auch das Zahlwort »sechs«
sähköposti	E-Mail
	wörtlich: Strompost
sähkö	Strom, Elektrizität
posti	Post
mansikka	Erdbeere
tonttu	Wichtel
hyvää joulua	Gute Weihnachten
hyvä	gut
iloinen	fröhlich
aika	Zeit
ja	und
perhe	Familie
toivoa	wünschen (Infinitiv)
toivoo	er/sie/es wünscht
toivovat	sie wünschen
paljon	viel
onnea	Glück

2. und einige (manchmal nicht ganz ernst gemeinte) Tipps

Vermeidet tunlichst beim Schreiben irgendwelcher Glückwunschkarten an finnische Verwandte oder Freunde eingehendere Darstellungen eurer aktuellen Befindlichkeit oder ähnliche Genauigkeiten. Wir Deutschen neigen ja oftmals dazu, bei solchen Gelegenheiten unsere gesamte Lebensgeschichte darzulegen ... Für finnische Ansprüche reicht »Herzliche Grüße, Kunibert« (oder Kunigunde) etc. vollständig aus. Unter Umständen lauft ihr sogar schon bei dieser Kurznachricht Gefahr, dass eure Karte von den Adressaten an die örtlichen Zeitungen weitergeleitet und dort als abschreckendes Beispiel für die klassische deutsche Geschwätzigkeit abgedruckt wird.

Möchtet ihr, dass euer Kartengruß pünktlich zum angepeilten Feiertag, einem Samstag, beim Adressaten anlangt, solltet ihr ihn rechtzeitig absenden. Denn Achtung: In Finnland wird schon seit Jahren keine Post an Samstagen mehr ausgetragen!

Diese Regelung wird allgemein so genau genommen, dass es in meinem umfangreichen finnischen Bekanntenkreis auch einen pflichtbewussten Postboten namens Pauli gibt, der seine *eigenen* Briefe und Karten erst montags mit nach Hause nimmt, auch wenn sie schon Freitagabend in der Zentrale angekommen sind ... Schließt ruhig euren vor Staunen offen stehenden Mund wieder! Solche Sachen gibt's wirklich!

Ein Dreigestirn:
Jyväskylä, Petäjävesi, Pieksämäki

Es war vor noch nicht langer Zeit in Jyväskylä, liebe aufmerksame Leserinnen und Leser, als Matti mir die Frage vorlegte: »Was haben Lübeck und Maniküre miteinander zusammen?« Mattis Mundwinkel zuckten ... Es sei in Erinnerung gebracht, dass Matti nicht nur Fachmann in finnischer Geschichte und in Schnapsbrennerei, sondern auch mit Leib und Seele Sprachforscher ist. Er spricht mehrere »Zungen« fließend, und seine akzentreiche Aussprache des Deutschen wird von ihm hobbymäßig ebenso gepflegt wie seine von ihm – und mir – so geliebten Grammatikfehler. Daher bin ich mir ziemlich sicher, dass er genau wusste, dass seine obige Frage korrekt »Was haben Lübeck und Maniküre gemeinsam?« hätte lauten müssen.

Als ich anfing zu grübeln, wurde sein Mund breiter und breiter. Alter Schlawiner! Dann ergänzte er grinsend: »Is (Ich) helfe dir: München gehört nist (nicht) in dieses Reihe!« Sein freches Grinsen wurde immer unverschämter: »Is helfe Dir noch mehr: Lösung liegt in Jyväskylä!« Er schüttelte sich vor verhaltenem Lachen ...

Es war mir klar, dass ich sein Rätsel nicht würde lösen können – schließlich hatte ich diese Erfahrung schon des Öfteren machen dürfen. Im Grunde genommen müsste ich obige Liste von Mattis Fähigkeiten noch um den Punkt: »Spezialwitze und -rätsel kreieren und erzählen« erweitern. Nichtsdestoweniger waren wir gerade auf einem kurzweiligen Bummel durch die Innenstadt von Jyväskylä, und es hinderte mich nichts daran, wenigstens so zu tun, als hätte ich eine Idee für die

Antwort und mich so ein bisschen zu rächen, indem ich Matti warten und »verhungern« ließ. Also setzte ich eine wissende Miene auf, lächelte süffisant und meinte: »Das ist doch sonnenklar, Matti! Uralt-Witz! Hast du wirklich geglaubt, mich damit reinlegen zu können?« – Ihr müsst wissen, liebe Leserschaft, dass ich auf diese Weise schon manches Mal meinen lieben Freund habe ausbremsen können. Auch für jetzt rechnete ich mir gute Chancen aus.

Aber: Mattis Grinsen wurde womöglich noch breiter und seine sowieso schon stattliche Körpergröße wuchs um mindestens zehn Zentimeter. »Weißt du nist (nicht)! Bist alter Summler (Schummler)! Habe is (ich) mir vorhin erst ausgedacht!« Na ja, ich behielt meine oben beschriebene kluge Miene bei und ließ mir meine Verunsicherung nicht anmerken. Also stiefelten wir beide mit hochintelligentem Gesichtsausdruck (was uns überhaupt nicht schwer fiel!) und vor uns hin grinsend einige Zeit weiter durch die Straßen dieser Stadt, die durch Zusammenlegungen sowie Eingemeindungen seit 2009 auf fast 130.000 Einwohner angewachsen ist. Ich wies Matti darauf hin, dass nach meinen Informationen in Jyväskylä fast ein Drittel der Einwohner an der hiesigen Universität studiert. Demnach sei auch etwa jeder Dritte der Leute um uns herum Student.

Das beeindruckte ihn nicht so besonders; ich solle nicht ablenken, meinte er. Und auch meine Mitteilung, dass die Stadt auf ihrer Internet-Seite damit wirbt, dass hier »der höchste Ausbildungsstand innerhalb der erwachsenen Bevölkerung herrscht«, ließ ihn relativ kalt. Sein Kommentar: »Natürlis (Natürlich)! Is bin hier geboren und Aalto ist hier aufgewachsen und hat zur Sule (Schule) gegangen.« Dieses Zitat ist – nebenbei bemerkt – wörtlich wiedergegeben, und die Reihenfolge: 1. Matti, 2. Aalto, entspricht Mattis Formulierung.

Wir wanderten dann weiter durch diese schöne Stadt, besuchten das Aalto-Museum, Alvar-Aallon-katu 7, das umfangreiche Einblicke in das Schaffen dieses genialen, weltberühmten Architekten ermöglicht, und legten unter massiven Protesten von Matti die etwa zweieinhalb Kilometer von dort zur Taulumäenkirkko (wörtlich: »Tafelhügelkirche«, »taulu« = »Tafel«, »mäki« = »Hügel« (»mäen« ist der Gen. Singl. von »mäki«), »kirkko« = »Kirche«) zu Fuß zurück. Und während mein lieber finnischer Freund nicht davon abließ, mich an die Lösung seines Rätsels zu erinnern, schwieg ich hierzu beharrlich und wies darauf hin, dass es in Jyväskylä noch allerlei zu sehen und zu besichtigen gebe. Auch die Taulumäenkirkko sei einen Besuch wert (die jetzige Kirche wurde 1929 am Ort des ersten Gebäudes aus dem 19. Jahrhundert errichtet, nachdem dieses 1918 abgebrannt war). Mattis interessierte Reaktion auf diese Anmerkung: »Juu.« (»Ja«).

Immerhin konnte ich ihn dazu überreden, in einem der traditionsreichsten Lokale von Jyväskylä eine Pause einzulegen: Im ravintola (»Restaurant«) »Kissanviikset« (wörtlich: »Katzenschnurrbart«, »kissa« = »Katze«, »viikset« = »Schnurrbart«) in der Puistokatu 3, auf halbem Weg zur Kirche, stärkten wir uns bei ankkasalaatti (wörtlich: »Entensalat«, »ankka« = »Ente«, »salaatti« = »Salat«), der selbstverständlich kein »Entensalat«, sondern Salat mit Entenbruststreifen war und »Häränleike« (»Rindfleisch«, »härkä« = »Rind«, »Ochse«, »härän« ist der Gen. Singl. von »härkä«, »leike« = »Fleisch«) mit leckerer Sauce und schmackhaften Kartoffeln. Das Restaurant existiert seit über vierzig Jahren an der gleichen Stelle und bietet neben gutem Essen ein typisches Ambiente und freundliche Bedienung. Mein lieber Matti äußerte sich höchst zufrieden mit der Mahlzeit und mit der Tatsache, dass das »Kissanviikset« sogenannte »A«-Rechte besitzt. Denn – aufgepasst! – in Finnland erhältst du nicht in jedem Lokal Wein und andere »starke« Alkoholika. Nö, nö, die Gaststätte muss über die entsprechenden Schankrechte verfügen, sonst fehlt, zumindest nach Mattis Meinung, eine wichtige Voraussetzung für einen befriedigenden Genuss. Wir haben daher eifrig dazu beigetragen, dass sich das »fully licensed« für den »Katzenschnurrbart« mindestens an diesem Tag lohnte – zumal wir ja nicht mit dem Auto, sondern mit dem Zug unterwegs waren. Am späteren Nachmittag sollte es weitergehen nach Petäjävesi, wo wir auf einem Bauernhof übernachten wollten.

Als wir Richtung Taulumaenkirkko weitermarschierten, wurde Matti immer kribbeliger. Es fuchste ihn gewaltig, dass ich offenbar keine Anstalten machte, seine Denksportaufgabe zu lösen, sondern munter von Jyväskyläs Vorzügen, der Lebendigkeit dieser am Nordende des Päijänne-Sees wunderschön gelegenen Stadt und der einzigartigen Natur schwärmte. Ich glaube, im Stillen hoffte er, dass die Kirche – wie so oft in Finnland – geschlossen sei und nicht besichtigt werden könne.

Auf dem gesamten Weg trällerte er nach der Melodie von »Joulupukki, Joulupukki« (altes finnisches Weihnachtslied; der »Joulupukki« ist der finnische Weihnachtsmann) vor sich hin: »Lübeck, Lübeck, Maniküre, Eberhard weiß nists (nichts) von ihre.« Erst als andere Passanten ihn seltsam anschauten und ich die ironische Bemerkung fallen ließ, ich käme mir fast vor wie bei den Opernfestspielen in Savonlinna, verstummte er mit beleidigter Miene, meinte aber trotzdem halblaut: »Weißt aber nist (nicht)!« So ist er halt, der Matti: von ernsthaft kindlichem Gemüt ... Mag sein, dass die der A-Klasse-Lizenz des Lokals gefrönte Flüssigkost während unseres Essens das Ihrige zu Mattis Unbeschwertheit beitrug ...

Schlussendlich hielt er es nicht mehr aus, als wir im Taxi zum rautatieasema (»Bahnhof«) saßen. Mit wichtiger Miene, hochgezogenen Augenbrauen und zufrieden über seinem Bauch gefalteten Händen kam seine Erklärung: »Weißt Du nist (nicht)! Pass auf: Was ist Lübeck in finnises (finnischer) Sprache? Lyypekki. Was ist Maniküre in finnises Sprache: manikyyri. Merkst Du? Beides »YY«! In Finnis (Finnisch) deutses (deutsches) »Ü« ist »Y«. Wie in »Jyväskylä«. Aber nist in »München«. Da ist »Ü« = »Ü«. Ganz komis (komisch). Sehr zum Lachen! Ha, ha, ha, ha, ha!«

Ich brauchte einige Zeit, um seine Erklärung zu verstehen; aber so was kommt vor, wenn man mit Matti unterwegs ist ... An und für sich müsstet ihr euch erinnern, liebe Leserinnen und Leser, dass ich euch schon in »Finnen? Finnen!« vor Mattis Witzen gewarnt habe! Und ehe ihr jetzt mit mir schimpft, weil ich Mattis (mit absoluter Sicherheit von ihm gewollte) Sprachfehler hier wiedergegeben habe: Das geschieht auf seinen ausdrücklichen Wunsch und Befehl hin! Wer's nicht glaubt, kann's bleiben lassen.

Wir reisten dann per juna (»Zug«) von Jyväskylä nach Petäjävesi, wo uns ein Freund von Matti am Bahnhof (übrigens ein sehr romantisches Gebäude) abholte. Bei herrlichem Wetter grillten wir am Abend Wurst, leerten ein oder zwei Fläschchen Bier und sangen diverse nicht zur Veröffentlichung geeignete Lieder. Matti gab bei allen Anwesenden sein »YY«-Rätsel zum Besten, wobei ihn herzlich wenig interessierte, ob die oder der Betreffende auch nur eine Silbe Deutsch konnte. Dass niemand die Lösung fand, bereitete ihm besonderes Vergnügen. Und ich vermute, dass seine nächtlichen Kicher-Anfälle, die mich immer wieder aus dem Schlaf weckten (wir schliefen auf Feldbetten, die noch aus dem Zweiten Weltkrieg stammten, meinen Rückenschmerzen am folgenden Morgen nach zu schließen), ihren Grund hatten in entsprechenden Träumen, die sich um das von ihm neu entdeckte Rätsel drehten.

Nun aber sei kurz erwähnt, aus welchem Grund – außer der abendlichen Grillfeier – wir nach dem kleinen Ort Petäjävesi gefahren sind. Diese wirklich nicht sehr große Gemeinde (ungefähr 4.000 Bewohner) ist trotz ihrer geringen Einwohnerzahl nicht nur in Finnland berühmt. Denn hier findet sich ein Unesco-Weltkulturerbe, das diesen Namen wirklich verdient: Die alte Kirche, 1763 aus Blockbohlen erbaut, ist seit 1994 in die international hochgeachtete Liste der Kulturschätze der Menschheit aufgenommen. Dieses einmalige Denkmal bäuerlicher Frömmigkeit ist meiner Meinung nach ein »Muss« für alle, die Finnland besuchen. Ergreifende, ungelenk wirkende Gegenstände, die die ursprüngliche, ehrliche, unverfälschte Wesensart derjenigen widerspiegeln, die sie angefertigt haben, schmücken den sakralen Raum. Sie lassen den Betrachter das Gottvertrauen und die Gläubigkeit der Menschen früherer Zeiten erahnen. Wir haben uns durch die Atmosphäre in dieser Kirche sehr berührt gefühlt; sogar der unverwüstliche und unverbesserliche Witzbold Matti war von der Umgebung tief beeindruckt.

Allerdings: Seine nachdenkliche Stimmung hielt nicht lange vor. Schon als wir um die Mittagszeit mit der Bahn von Petäjävesi über Jyväskylä nach Pieksämäki fuhren, war er ganz der Alte. So tat er mir nicht lange nach der Abfahrt kund, dass die Stadt Pieksämäki vor einigen Jahren zur langweiligsten Stadt Finnlands gewählt worden sei. Und ausgerechnet dorthin würde ich ihn (wie er sich ausdrückte) »verschleppen«. Diesmal spielte kein Lächeln um seine Lippen, eher zeigte er eine wahre Leidensmiene.

Ich widersprach ihm heftig: Auf Pieksämäki lasse ich nichts kommen! Im Ernst! Für mich gehört zu jedem Urlaub in Suomi ein Besuch in dieser Stadt dazu! Bei meiner Familie stößt diese Liebe zwar auf völliges und rigoroses Unverständnis, aber das liegt nur daran, dass ich es bisher nicht geschafft habe, sie dazu zu bewegen, mich einmal nach dort zu begleiten. Ist das nicht traurig? Wenigstens Matti kam diesmal mit, wenn auch nur unter Protest und nach ausgiebigen Bestechungen mit Hilfe deutscher Alkoholika.

Ihr möchtet wissen, was ich an Pieksämäki so toll finde? Ganz einfach: alles! Die kleine Stadt liegt schön am Ufer des Pieksäjärvi. Sie ist Geburtsort von Sylvi Kekkonen, der Ehefrau des finnischen Nachkriegs-Präsidenten Urho (»Urkki«) Kekkonen, der jahrzehntelang die Geschicke des Landes durchaus »selbstgestalterisch« lenkte. Es gibt hier ein mit viel Liebe aufgebautes, sehenswertes Eisenbahnmuseum (»Savon Radan museo«) im ehemaligen alten Bahnhof. Denn Pieksämäki war in früheren Zeiten einer der wichtigsten Eisenbahnknotenpunkte in Finnland; und auch heute noch findet man hier einen fast großstädtischen Bahnhof, von dem aus täglich mehrmals Züge in den Süden, Osten, Norden und Westen des Landes starten.

Und wenn ihr mit Kindern unterwegs seid: Ich empfehle euch unbedingt einen Besuch im hiesigen wunderschönen »nukkekoti« (Deutsch: »Puppenheim«, »nukke« = »Puppe«, »koti« = »Heim«). Dieses für Kinder (und junggebliebene Erwachsene) wirklich lohnende Ziel findet man direkt am Strand (Hiekanpääniemi): ein altes, romantisches rotes Holzhaus mit großer Freifläche und zahllosen Spielmöglichkeiten für Kinder. Es gibt Theater-, Zirkus-, Mal- und Bastelkurse, alle möglichen kindgerechten Räumlichkeiten, ein kleines Café und anderes mehr. Das ganze Ensemble ist ausgesucht liebevoll gestaltet. Matti, der mich ja nur missmutig begleitet hatte, fühlte sich dort so wohl, dass ich ihn kaum von der Schaukel bekam, auf der er Platz genommen hatte, umgeben von zahlreichen Kindern, die staunend seinen Anekdoten lauschten. Und ehrfurchtsvoll und scheu gehörigen Abstand von mir hielten, weil der Kerl ihnen weisgemacht hatte, ich sei ein menschenfressender weißer Kannibale aus Tohuwabohu – wo immer das nach seinen Angaben und nach Meinung der Kinder auch liegen mochte.

Später am Abend bekam ich dann von ihm zu hören, das sei seine Rache dafür gewesen, dass ich ihn nach Pieksämäki geschleppt hätte. Woraufhin ich ihn glücklicherweise ärgern konnte, indem ich ihm verkündete, in Jäppilä nahe Pieksämäki gebe es in jedem Herbst ein spezielles Ereignis: »Akkain

Jahti«, zu Deutsch: »Jagd für Frauen« (»akka« = »Frau, Weib«, »jahti« = »Jagd«). Merke auf, oh männliche Leserschaft: nicht »Jagd nach Frauen«, sondern »für« oder »von« solche(n)! Soll heißen (und das brachte Matti erfreulicherweise definitiv um den Schlaf), dass im November in jedem Jahr hier eine Elchjagd ausschließlich für Frauen stattfindet. Warum und wieso, das entzieht sich meiner Kenntnis. Aber die Tatsache stimmt, und das gab mir einen prima Trumpf gegen Matti an die Hand ... Ich hörte ihn während der ganzen Nacht ächzen und fluchen: »Ist ja wohl nicht möglich«, »Elchjagd nur für Frauen, ha!«, »kann nur ein Witz sein«, »gehört verboten«, »bestimmt eine Idee von irgend so einem schwedischen Idioten« und dergleichen mehr. Morgens erschien er völlig übernächtigt mit verquollenen Augen zum Frühstück und verlangte Beweise von mir. Kein Problem, die konnte ich ihm liefern, der Prospekt lag direkt bei der Hotelrezeption.

Die Folgen allerdings waren dramatisch: Matti verlangte sofortige, umgehende, postwendende Abreise mit dem nächsten Zug, egal wohin, von ihm aus sogar nach Russland. Nie wieder werde er einen Fuß auf hiesigen Boden setzen. Erst das hervorragende Frühstück konnte ihn etwas besänftigen, so dass er sich letztlich dazu bewegen ließ, wie vorgesehen zurück nach Hause zu reisen, obgleich dieser Zug erst nachmittags abfuhr. Allerdings verbrachte er die Wartezeit bis dahin im Hotel in seinem Zimmer bei zugezogenen Vorhängen.

Zu Hause empfing uns seine liebe Ehefrau Päivi mit offenen Armen. Sie war lediglich kurzzeitig leicht verstört, als Matti sie als Allererstes fragte, ob ihr diese »Akkain Jahti von Jäppilä« ein Begriff sei und ihr dann den Begrüßungskuss verweigerte, als sie diese Frage völlig selbstverständlich bejahte. Es nahm mehrere Tage in Anspruch, bis mein alter Kumpel wieder einigermaßen hergestellt war und zu seiner früheren »Nonchalance« gefunden hatte. Um ehrlich zu sein: Es waren – zumindest in Teilen – sowohl für Päivi wie auch für mich durchaus erholsame Tage ...

Das Wichtigste in Kürze

1. einige Vokabeln

taulu	Tafel
mäki	Hügel
kirkko	Kirche
juu	Ja
ravintola	Restaurant
kissa	Katze
viikset	Schnurrbart
ankka	Ente
salaatti	Salat
härkä	Rind, Ochse
leike	Fleisch
Joulupukki	finnischer Weihnachtsmann
rautatieasema	Bahnhof
Lyypekki	Lübeck
manikyyri	Maniküre
juna	Zug
nukke	Puppe
koti	Heim
akka	Frau, Weib
jahti	Jagd

2. und einige (manchmal nicht ganz ernst gemeinte) Tipps

Nach neueren Zahlen sind etwa 80% der Finnen Angehörige der lutherischen Kirche (gegenüber 98 % im Jahre 1900; Quelle: statistics Finland). Entsprechend ist die ganz überwiegende Zahl der Kirchen in finnischen Gemeinden evangelisch. Und das heißt: Möchtest du eine davon besichtigen, ist sie oftmals geschlossen. Pech gehabt. Daher ist es empfehlenswert, sich sicherheitshalber vorher per Internet oder in entsprechenden touristischen Prospekten schlau zu machen, wie die Öffnungszeiten geregelt sind. Aber: Immerhin habe ich in Finnland noch nicht erlebt, dass ich Eintritt bezahlen musste, um ein Gotteshaus betreten zu dürfen. Das ist ja hier in Deutschland oder Frankreich usw. inzwischen zumindest bei solchen Kirchen, die architektonisch oder in Bezug auf ihre Ausstattung besonders sehenswert sind, vielfach der Fall.

Solltest du allerdings in Begleitung von Matti vor dem Kirchenportal erscheinen, kannst du unbesorgt sein: Nach kurzer Zeit wird der Küster oder auch der Pfarrer selbst mit großer Sicherheit die Tür öffnen. Matti versteht es nämlich perfekt, durch entsprechend lautstarkes Reden, gegebenenfalls auch durch das Absingen einschlägiger Kirchenchoräle, darauf aufmerksam zu machen, dass er hier Einlass begehrt ... Mehrfach erlebt!

Das »Savon Radan museo« in Pieksämäki lohnt einen Besuch: Obwohl es nur klein ist, erhält man einen faszinierenden Eindruck von der Arbeit und dem Tagesablauf in und auf einem Bahnhof in vergangenen Zeiten. Da das Museum im aus Holzplanken und -bohlen errichteten ehemaligen Bahnhofsgebäude untergebracht ist, erspürt die Nase des Besuchers schon beim Betreten den speziellen Geruch nach Holz, Papier, Öl usw. Zudem herrscht – wie in vielen Museen im eher ländlichen Raum Finnlands – in der Regel keinerlei Ansturm, so dass die Ruhe dazu beiträgt, die frühere Atmosphäre zu erahnen. Selbst Matti, mit dem ich dort war, genoss den Rundgang und hielt, ganz entgegen seiner sonstigen Gewohnheit, mal den Schnabel.

Alles kommt gut an (?)

In diesem Kapitel möchte ich ein auf den ersten Blick eher unscheinbares Phänomen schildern, das jedoch für viele »Finnlandassoziierte« Familien zum Alltag im Sommer gehört. Zumindest, wenn beispielsweise in Deutschland lebende Finninnen und Finnen (und das sind gar nicht wenige) mit ihrem jeweiligen Ehegespons nach Norden in Urlaub oder nach den Ferien von dort zurück in ihre Wahlheimat reisen.

Bist du, liebe Leserin oder du, lieber Leser schon mal mit dem Auto nach Suomi in Urlaub gefahren? Hast dich dabei möglicherweise über die vielen schwerstbeladenen, vollgestopften Fahrzeuge gewundert, die vor, hinter und neben deinem Pkw auf dem Autodeck der Fähre standen? Und zwar sowohl auf dem Hin- als auch auf dem Rückweg! Ich meine, okay, du hattest ja auch mehrere Koffer, eine Kühltasche, einige Rucksäcke und ähnliche Utensilien dabei. Aber du und deine Mitreisenden, ihr konntet doch bequem und ohne akrobatische Körperverrenkungen ein- und aussteigen. Die Fahrgäste in den beschriebenen Autos jedoch zwängen sich zwischen unbeschreibliche Gegenstände, steigen über Kisten und zusammengerollte Teppiche und hocken mit fakirhaft verdrehten Gliedmaßen auf ihren Sitzen ...

Seid beruhigt, meine Lieben, es handelt sich lediglich um deutsch-finnische oder auch total finnische Paare, die auf der oben angesprochenen Urlaubs-Hinreise oder auf Rückfahrt von Suomi nach Saksa sind. Sie haben in ihren Fahrzeugen nur das Allernotwendigste und allgemein Übliche geladen, das sie im jeweils anderen Land benötigen.

Wie jeder und jedem sicher einleuchtet, sind bei diesen Transporten die Beladetechnik und der Beladevorgang als solche bei den Reisevorbereitungen von ausschlaggebender Bedeutung. Und dieses jährlich wiederkehrende Schauspiel entbehrt nicht zahlreicher reizvoller Momente und Szenen – vor allem für sachkundige Zuschauer. Damit ihr das besser verstehen könnt, nehme ich euch mit zu lieben Menschen: zu Kirsti und Sami. Die haben nämlich vor, mit ihren Kindern, ihrem Kater, ihrem Hund und einigen Mitbringseln am heutigen Tag vom Sommerhaus zurück nach Deutschland zu fahren, wo sie seit etwa 15 Jahren leben. Und traditionsgemäß helfe ich ihnen beim Verstauen ihres »Reisegepäcks«. Daraus ergibt sich: Wir sind in Finnland. In jenem Land also, das es staunenswerterweise geschafft hat, trotz exotischer Sprache, Ernährung, Lebensweise und Umgangsformen in die EU zu kommen, und dabei sogar eines der stabilsten, verlässlichsten und wirtschaftsstärksten Mitglieder dieser seltsamen politischen Pseudounion ist. Und das, obgleich seine Bürgerinnen und Bürger sich ihr originär-finnisches Denken und Handeln weitestgehend erhalten haben und auf ihr Land und seine Produkte schwören – wie wir unter anderem bei der Zusammenstellung von Gepäckstücken für die Reise ins nichtfinnische Ausland – wie im Folgenden beschrieben – unschwer beobachten können ...

Des Weiteren solltet ihr wissen: Kirsti ist eine Nichte von Matti (den ihr wohl alle kennt). Sami aber ist ihr finnischer Angetrauter. Beide sind uns – das ist doch logisch – ans Herz gewachsen, zumal ihr Sommerhaus nur etwa zwanzig Kilometer von unserem entfernt am Ufer desselben Sees steht und sie auch in Deutschland nicht allzu weit weg von uns wohnen. Und auf Grund der erwähnten Tradition stehe ich ihnen auch diesmal »autopackmäßig« zur Seite. Ihr mögt darob überrascht sein, meine treuen Leserinnen und Leser, aber das ist halt so. Jede Finnin oder jeder Finne, die oder der sich dauerhaft im Ausland aufhält, wird euch bestätigen: Das Beladen des Fahrzeugs für die jährliche Hin- und Rückreise ist ohne fremde Hilfe nicht zu bewerkstelligen. Und auf Grund des hohen Unterhaltungswertes hat sich dieser Ladevorgang zu einem zentralen Ereignis im Jahreslauf entwickelt – übrigens in Finnland ebenso wie in Deutschland. In beiden Ländern kommt er auf einer Prioritätenliste der wichtigsten Termine auf jeden Fall vor Ostern und direkt hinter Juhannus und Weihnachten! Hier wie dort nehmen sich sämtliche Anrainer bzw. Straßenmitbewohner am Abreisetag von Kirsti und Sami frei, hissen die Flaggen (sofern sie über solche verfügen) und stellen Stühle, Bänke und Tische zurecht. Mit ihren Freunden und Verwandten genießen sie dann (in Finnland) bei Kaffee und piirakka (Deutsch: »Pirogge«) bzw. bei Bier und Laugenbrezeln (in Deutschland) das Geschehen.

Ich bemerke euer ungläubiges Staunen. Daher einige Einzelheiten: Kirsti und Sami haben einen sehr freundlichen Sommerhaus-Nachbarn. Sein Name: Erkki. Erkki aber war vor längerer Zeit mal ernstlich verstimmt und grüßte mehrere Sommer lang nicht mehr. Denn: Er hatte sich das Sprunggelenk verknackst und musste daher am Abreisetag der beiden im Krankenhaus liegen. Er bemühte sich nach Kräften, bestach Ärzte und Krankenschwestern, ja, verweigerte schließlich mehrfach die Nahrung, um zu erreichen, dass er rechtzeitig zum entsprechenden Datum entlassen würde. Denn er wollte zumindest als Zuschauer beim Gepäckverstauen dabei sein. Ohne Erfolg. Richtig sauer war er dann, weil Kirsti nicht bereit war, die Reise bis nach seiner Entlassung zu verschieben. Sami hätte ja noch mit sich reden lassen, aber Kirsti blieb stur, was bei Erkki auf völliges Unverständnis stieß. Jawohl!

Im Sommer vor einem Jahr war ich besuchshalber mal wieder bei Kirsti und Sami im kesämökki (Deutsch: »Sommerhütte«, »kesä« = »Sommer«, »mökki« = »Hütte«, »Kate«). Auf Geheiß von Kirsti schaute ich damals bei einem ihrer finnischen Nachbarn vorbei, um ihm die Motorsäge zurückzubringen, die er Sami ein oder zwei Jahre zuvor kurz ausgeliehen hatte. Dort in der kleinen Küche sah ich einen Terminkalender, auf dem der Tag von Kirstis und Samis Abfahrt nach Deutschland rot umrandet war. Das war ja nun für mich nichts Überraschendes – schließlich gab es solche Kalender mit dem entsprechenden Vermerk in sämtlichen mökkis rund um unseren See. Auch bei uns im Sommerhaus hing so einer. Und, wie ich wusste, auch im nahen kauppa (Deutsch: »Geschäft, Laden«) hatte der Inhaber, Mikko, das entsprechende Datum öffentlich ausgehängt mit dem Hinweis, sein Laden sei an diesem Tag geschlossen, da sowieso keine Kunden kämen.

Eher wunderte ich mich, dass in jenem Kalender auch ein Tag in der vorhergehenden Woche rot umkringelt war. Auf meine fragenden Blicke hin erklärte mir Raija, die Herrin des mökki, sie müsse da die Einladungskarten an ihre Freunde verschicken, zum – wie sie es nannte – »Kir-Sa-Päivä« (päivä« = »Tag«) (eine Zusammenziehung aus Kirsti und Sami, wie sie weiter ausführte).

Und: Vor etwa vier Jahren suchte eine Redakteurin der örtlichen Zeitung meine liebe finnische Ehefrau in unserem

Sommerhaus auf und führte ein Interview mit ihr durch. Thema: »Das alles braucht eine Finnin in Deutschland« (wirklich wahr!). Der Artikel berichtete dann davon, wie armselig es den Finninnen in Saksa geht, und welche Entbehrungen sie zu gewärtigen haben, sofern sie nicht so überlebensnotwendige Dinge von Suomi mit in die Ferne nehmen wie mäntysuopa (Deutsch: »Kiefernschmierseife«, »mänty« = »Kiefer, »suopa« = »Schmierseife«), kaurapuuro (den bereits erwähnten Haferbrei), sinappi (Deutsch: »Senf«), kermajuusto (Deutsch: »Sahnekäse«, »kerma« = »Sahne«, »juusto« = »Käse«), Gummistiefel und anderes mehr ...

In diesen Zusammenhang passt folgende kleine Anekdote: Eine mit uns befreundete junge Finnin reiste als Zeitstudentin für ein Semester nach Hamburg. Bei der Abreise ins ferne Deutschland brachte ihr ihre äiti (Deutsch: »Mutter«) einen Riesenstapel Seife vorbei. Ihre Mama war der felsenfesten Überzeugung (und ließ sich davon auch nicht abbringen), es gebe in Deutschland keine Seife. Woher sie diese Kenntnis hatte, ich weiß es nicht. Liisa, unsere Bekannte, stopfte die dreißig oder vierzig Seifenstücke ohne Murren in ihre Koffer, um äiti nicht zu enttäuschen ... und stellte in Hamburg unter Lachtränen fest: Die Seife war »made in Germany«. – Diese kleine Geschichte habe ich mir übrigens nicht ausgedacht!

Doch zurück zum aktuellen Thema: Ich kann mir gut vorstellen, liebe Leserinnen und Leser, dass ihr eifrig damit beschäftigt seid, euch die Szenerie der Abfahrt von Kirsti und Sami auszumalen. Damit dabei kein unzutreffendes Bild entsteht, will ich euch denn doch lieber die korrekte Beschreibung liefern. Nun denn:

Die Woche vor dem eigentlichen Abreisetag ist für unsere beiden Finnen angefüllt mit Abschiedsbesuchen und Einkäufen: kiloweise Kaffee, zehn »mäyräkoira« (eigentlich zu Deutsch »Dachshund« oder »Dackel«, »mäyrä« = »Dachs«, »koira« = »Hund«. Aber die Finnen bezeichnen so die Packungen mit je zwölf Flaschen Bier, die man hier im Supermarkt kaufen kann), zehn B-makkara (»makkara« = »Wurst«. B-makkara ist die, die so herrlich mehlig schmeckt – siehe mein Buch »Finnen? Finnen!«), mehrere Kilo Lakritz, einhundert Stück piirakka, »ruisleipä« (Deutsch: »Roggenbrot«, »ruis« = »Roggen«, »leipä« = »Brot«), einen Bausatz für eine kiikku (Deutsch: »Schaukel«. Die Rede ist von der typischen finnischen Gartenschaukel, in der sich zwei Personen gegenübersitzen), zehn räsymattoa (Deutsch: »Flickerlteppich«), diverse Stoffballen von marimekko, ein Service von iittala, Saunabottiche, getrocknete vihta (Birkenzweige für die Sauna, als Quaste gebunden) und so weiter. Vieles davon gibt's zwar auch in Deutschland, es wäre dort aber kein Mitbringsel aus Suomi, zudem billiger und somit unattraktiv.

Im maatalous- ja rautakauppa (s. entsprechendes Kapitel) begrüßen sämtliche Mitarbeiter und Kassiererinnen Sami mit leuchtenden Augen und der Inhaber mit Handschlag. Sie kennen Sami natürlich sowieso schon, weil er, alter finnischer Tradition gemäß, täglich mal reinschaut – aber jetzt vor der Reise nach Saksa ist Sami erst recht Dauergast. Tag um Tag durchstöbert er die Gänge auf der Suche nach Dingen, die das fremdartige Dasein in Deutschland ein wenig finnischer gestalten könnten. Einen Saunaofen hat er schon erstanden, zudem eine katiska (Deutsch: »Reuse«), Länge etwa ein Meter, größter Durchmesser dito, Höhe ungefähr fünfzig Zentimeter. Sehr reizt ihn noch ein Steg-Bausatz. Er sieht ihn schon am Goldfischteich im Garten ihres Reihenhäuschens in Deutschland. Aber Kirsti lehnt das rundweg ab, würde doch beim Kauf und Transport dieses Monstrums ihr Webstuhl auf der Strecke bleiben, den sie auseinandergebaut hat, damit er in den Dachkoffer passt.

Im Sommerhaus haben die beiden den Gäste-aitta (aitta = »Speicher«, bezeichnet aber auch ein Nebengebäude, in dem früher z. B. die Magd wohnte) sowie den eigenen Saunavorraum und einen Schuppen von Erkki leergeräumt, um Platz für die Sachen zu schaffen, die mit auf die Reise gehen sollen. Dort stapeln sich die kleinen und großen Kisten und Kästen: In der einen Ecke lehnen die Einzelteile von Kirstis altem Kinderbett einschließlich Lattenrost; das hat sie ihrer finnischen Freundin Tuula, die auch in Deutschland lebt und hochschwanger ist, versprochen, für deren Nachwuchs. Die passende, fast neuwertige Schaumstoffmatratze ist zusammengerollt und verschnürt. Sami trägt sie mit besonderer Vorsicht, denn ihr Inneres birgt ein Geheimnis: sechs Flaschen finnischen Wodkas zum gefälligen Gebrauch in Deutschland ...

Töchterlein Sari hat ihre diversen Puppen und Kuscheltiere für den Rückweg in zwei umfangreichen Plastiktüten verpackt. Sohnemann Mika beschränkt sich auf seine inline-Skater und den Eishockeyschläger nebst Trikot, die unbedingt wieder nach Hause zurück müssen sowie den deutlich überdimensionierten Plüschlöwen, den er von Matti als Geburtstagsgeschenk erhalten hat. Sami, bescheiden, wie er ist, hat neben den schon aufgezählten Gegenständen sein Saxophon (er spielt halbprofessionell in einer Band), Noten und die zusammenklappbare

Werkbank, die er neu erstanden hat sowie den leicht ausgeblichenen Sonnenschirm mit Ständer bereitgestellt. Den hatte Matti irgendwo aufgetrieben und viel zu schade zum Wegwerfen gefunden. Kirsti dagegen lagert so viele Teppiche (selbstgewebte und gekaufte) direkt hinter der aitta-Tür, dass man das Häuschen kaum noch betreten kann. Den überwiegenden Teil dieser Teppiche nimmt sie wieder mit nach Deutschland, von wo sie sie hierher zurückgebracht hatte, nach vorjähriger Mitnahme von Suomi nach Saksa ... Mangels Platz hat sie sie weder dort noch hier jemals auslegen können.

Ach ja, und wahrheitsgemäß muss noch erwähnt werden, dass Sami die neue WC-Bürste in Form eines Schwanes oben auf seine Noten gestellt hat. Dieses Kunstwerk hatte der Inhaber des maatalous- ja rautakauppa ihm als Anerkennung für seine Einkäufe überreicht. Sami möchte sie der deutschen Nachbarin als Mitbringsel verehren, als Dank fürs Blumengießen. Letztendlich sei – nur der Vollständigkeit halber – noch der Eimer mit Original punamulta (»Roterde«, »punainen« = »rot«, »multa« = »Erde«. »Punamulta« bezeichnet die rote Wandfarbe für die Außenwände der Holzhäuser in Finnland) erwähnt, mit dem der Geräteschuppen im heimischen Garten gestrichen werden soll. Gut.

Am Tag der Abreise (Kirsti und Sami starten immer spätnachmittags, weil ihr Schiff in der Nacht in See sticht) erhält die treue Nachbarschaftsfreundin Raija den Sommerhaus-Schlüssel. Das mökki wurde »winterfest verpackt«, Mäusegift auf etlichen Папptellern an strategisch ausgesuchten Stellen deponiert usw. Kirsti und Raija begutachten nochmals das gesamte Sommerhausgrundstück und besprechen die letzten lokalen Neuigkeiten vom Dorf. Sami selbst kümmert sich derweil um die wirklich wichtigen Dinge: Bereitstellen des Autos zwecks Beladevorgang. Mit Hilfe von Erkki gelingt es fast mühelos, die beiden Dachkoffer auf dem Kombi zu verschrauben.

Inzwischen treffen schon die ersten Zuschauer ein. Manche kommen zu Fuß, andere per Fahrrad oder Auto, wieder andere im Boot. Das Gewässer um den laituri (Deutsch: »Steg«, auch »Bahnsteig«) ähnelt einem Jachthafen am Mittelmeer, mit den im Wald abgestellten Rädern könnte man einen größeren Fahrradhandel betreiben, die Autos versperren den Weg so, dass ich mein Fahrzeug etwa einen Kilometer entfernt parken und per pedes zum Sommerhaus tigern muss. Man begrüßt sich höflich (»Wie schnell doch die Zeit vergeht! Jetzt ist's schon wieder ein Jahr her, dass wir uns hier getroffen haben!«). Allmählich füllen sich die Plätze, Kaffee und piirakka werden verteilt und Samis, Erkkis und meine Packkünste sachkundig kommentiert: »Das Bett in den Dachkoffer!« – »Das Bier zwischen die Kindersitze!« Oder auch nur: »Voi perkele!« (Deutsch etwa: »Zum Teufel!«) – »Hyvä!« (Deutsch: »Gut!«) – »No niin!« – »Aiai!«. Es sind wirklich sehr hilfreiche Zurufe.

Nach und nach findet alles seinen Platz: Das Bier verstaut Sami direkt hinter dem Fahrersitz und deckt es geschickt mit einem von Kirstis Teppichen zu. So kann ihr Sohn seine Füße bequem während der Fahrt abstellen. Den Raum hinter dem Beifahrersitz lassen wir für den Hund frei: Musti liegt dort immer gerne und döst vor sich hin. Und Sari, die Tochter, hat so genug Platz für ihre Beine. Zwischen die Kindersitze kommt der Transportkäfig für Kater Tonttu. Der Kasten dient gleich-

zeitig als Ablage für die Kinderbücher, Unterhaltungsliteratur
für die Reise.

Den Innenspiegel kann man getrost vergessen, denn der Stau-
raum hinten im Auto ist voll bis obenhin. Da klingelt plötzlich Samis Handy – ich wusste es! Matti ist am Apparat. Ob
Kirsti und Sami nicht den schönen neuen Klappsessel für ihn
mit nach Deutschland nehmen können; er hat ihn sich extra
gekauft, damit er bei seinem nächsten Besuch bei ihnen bequemer auf der Terrasse sitzen kann. Er bringt das gute Stück
sofort vorbei, wollte ja sowieso gerade kommen. Da hat er
aber Glück gehabt! Das Ding ist flach zusammenlegbar und
lässt sich so gerade noch von hinten ins Auto schieben. – Und
weil sie gerade am Telefon sind: Päivi hätte da noch einige
selbstgehäkelte Gardinen von ihrer Großmutter. Kirsti möchte die doch bestimmt haben?

Kaum hat Sami aufgelegt, läutet das Telefon erneut: Janne, ihr
finnischer Freund, ruft aus Deutschland an. Er möchte gerne
die Wurfangel, den Käscher und den Angelhocker mitgebracht haben: »Du weißt doch, ich hab' die Sachen letzten
Sommer gekauft und bei euch im liiteri (Deutsch: »Schuppen«) deponiert, weil sie nicht mehr bei mir ins Auto passten!«
Sami schaut im Schuppen nach und findet das Zeug tatsächlich. Doch wohin damit? Das Auto ist proppenvoll – ha, da,
vor dem Beifahrersitz lässt sich noch was unterbringen, die
Angel wird von hinten unter den Sitzen durchgeschoben und
kommt links vom Kupplungspedal zu liegen, den Käscher
kann sich im äußersten Notfall Kirsti überstülpen ... Den
Nachtschrank, den Kirsti noch angeschleppt hat und der (Dis-
kussion nicht möglich) unbedingt mit muss, quetschen wir

noch in den Dachkoffer vor die Matratzenrolle und schließen den Kofferdeckel mit einer gemeinsamen Kraftanstrengung, wobei Sami sich oben drauf legt, damit die Schlösser richtig einschnappen.

Inzwischen stehen die Hinterräder des Kombis leicht schräg. Gut, dass Sami sie heute Morgen nochmals stärker aufgepumpt hat. Der Tankwart wünschte ihm übrigens mit einem verständnisvollen Grinsen: »Gute Fahrt! Bis nächstes Jahr!«, wie er mir erzählte.

Die zwischenzeitlich auf etwa fünfzig bis sechzig Personen angewachsene Zuschauermenge ist derweil in heiße Streitgespräche verstrickt. Ich höre nur: »Das Tierfutter haben sie garantiert vergessen! Oder habt ihr was davon gesehen?« Blödmänner, verdammt, sie haben recht: Die Schachteln und Dosen mit Katzen- bzw. Hundefutter sind tatsächlich noch neben der Sauna gestapelt. Nur nix anmerken lassen! Wie selbstverständlich holen wir das Zeug und stopfen es in Jannes Angler-Sitz, ins Handschuhfach und in die Seitentaschen der Türen.

Alles verstaut! Lässig lehnen wir am Auto und genießen die bewundernden Mienen der Neugierigen am Sommerhaus. Erst zaghafter, dann tosender Applaus brandet auf, als Sami die Heckklappe schließt. Das gelingt ihm zwar erst nach mehrmaligen Versuchen und mit erhöhtem Kraftaufwand, aber immerhin ... Jetzt ist sie zu, der Inhalt des Laderaums ist optimal komprimiert und verkeilt. Die Zuschauer toben, Freudentänze werden aufgeführt. Der inzwischen natürlich längst eingetroffene Matti hält eine seiner bemerkenswerten

»multilingualen« Ansprachen, beschwört längst vergangene Heldentaten vom Winterkrieg und zählt weitere finnische Leistungen sportlicher und allgemeiner Natur sowie ganz besonders solche der finnischen Klappsessel-Industrie auf. Samis Packkünste stellt er in eine Linie mit den Höhepunkten finnischer Geschichte. Die Menschen liegen sich voller Glück und Stolz in den Armen. Wer hätte den eher als spröde und zurückhaltend eingestuften Finnen derartige Gefühlsausbrüche zugetraut?

Nachdem sich die Menge zerstreut hat, rüttle ich sicherheitshalber am Fahrzeug. Die Türen bleiben zu, die Dachkoffer halten. Einzig der Umstand, dass das Auto leicht nach rechts geneigt dasteht, stimmt mich nachdenklich. Um genau zu sein: Ganz gehörig rechtslastig sieht das Ganze aus. Wie kommt denn dieses? Auch Sami und Erkki sind verwundert. Wir suchen, probieren, prüfen. Seltsame Sache, das ... Wieso haben wir das nicht vorher bemerkt? Unsere Zuschauer, ja klar, für die gehörte das dazu, war vermutlich etwas, das sie von derartigen Beladevorgängen her kannten. Und wir waren offenbar so beschäftigt, dass wir die Schieflage übersahen. Trotzdem fragen wir uns: Wodurch wird sie hervorgerufen?

Na ja, irgendwie ist's mir etwas peinlich, euch, liebe Leserinnen und Leser, die Ursache einzugestehen. Aber ich habe mir vorgenommen, hier wahrheitsgemäß zu berichten, und so will ich's nicht verschweigen: Nach längerem Überlegen öffnen wir den linken Dachkoffer und stellen fest: leer. Leer!! Nichts drin! Völlige, umfassende, totale Leere! Gott sei Dank ist keiner mehr da, um Kommentare zum Besten zu geben! Und Gott sei Dank finden wir im liiteri noch ein Paar alte Langlaufskier inkl. Schuhen und Stöcken. Die werfen wir hurtig, hurtig in den Kasten und legen noch einen verrosteten Spaten, Überreste der Sommerhaus-Dachrinne, übrig gebliebene Dachpappe und mehrere Rollen Kaninchendraht, zwanzig alte Hufeisen und den Klappanker vom Boot dazu. So kommt schließlich alles ins Lot. Zwar sitzt das Auto beim Wegfahren kurz auf dem Sand- und Schotterweg am Sommerhaus auf, kommt aber dank tatkräftiger Hilfe von Matti, Erkki, Jussi und anderen Nachbarn bald wieder frei.

Alles gelangt weitestgehend unversehrt nach Deutschland. Lediglich Samis Saxophon wirkt beim Ausladen leicht derangiert und verbeult und gibt trotz intensivster Versuche seines Besitzers nur noch klägliche Töne von sich – was Kirsti nicht unbedingt unerfreulich findet ... Die Klobürste bringt verhältnismäßig viel Freude, angeblich wollte die damit bedachte Nachbarin gerade eine neue kaufen. Kirsti lagert die mitgebrachten Teppiche sorgfältig und wohlverpackt im Keller ihres Reihenhäuschens ein, für die Fahrt im nächsten Jahr nach Suomi ...

Das Wichtigste in Kürze

1. einige Vokabeln

piirakka	Piroggen
kesämökki	Sommerhaus
kesä	Sommer
mökki	Hütte, Kate
kauppa	Laden, Geschäft
päivä	Tag
mäntysuopa	(Kiefern-)Schmierseife

mänty	Kiefer
suopa	Schmierseife, auch Kernseife
kaurapuuro	Haferbrei
kaura	Hafer
puuro	Brei
sinappi	Senf
kermajuusto	Sahnekäse
kerma	Sahne
juusto	Käse
äiti	Mutter
mäyräkoira	Dachshund, Dackel (umgangssprachlich Bezeichnung für eine 12er-Packung Bier)
mäyrä	Dachs
koira	Hund
makkara	Wurst
ruisleipä	Roggenbrot
ruis	Roggen
leipä	Brot
kiikku	Schaukel
räsymatto	Flickerlteppich
matto	Teppich
vihta, auch vasta	Birkenzweig-Quaste für die Sauna
katiska	Reuse
aitta	Speicher; bezeichnet aber auch z. B. ein bäuerliches Nebengebäude, in dem die Magd oder der Knecht wohnte
punamulta	Roterde; Name der Außenwandfarbe für die Holzhäuser

punainen	rot
multa	Erde, Krume
laituri	Steg, Bahnsteig
voi perkele!	etwa: zum Teufel! (Ausruf)
hyvä	gut
liiteri	Schuppen

2. und einige (manchmal nicht ganz ernst gemeinte) Tipps

Hast du als Deutscher in Finnland ein Sommerhäuschen erstanden, kannst du aus der Anzahl der bei deiner An- und Abreise auftauchenden finnischen Nachbarn den Grad deiner Integration ablesen.

Kommt keiner, bist du völlig neu und exotisch. Oder äußerst unbeliebt. Oder so hoch angesehen, dass sich keiner traut, dich aufzusuchen. Oder du hast einfach zu wenig Zuladung in deinem bzw. für dein Fahrzeug.

Erscheinen einige wenige, ist der Integrationsprozess in Gang gekommen. Jetzt sind die Nachbarn zumindest mal neugierig, ob es sich lohnt, dich zu besuchen. Außerdem wollen sie wissen, ob deine Frau wirklich so gut aussieht, wie im Dorf erzählt wird. Und, was das überhaupt für ein ausländischer Typ ist, der sich rücksichtsloserweise so eine hübsche Finnin geangelt hat. Du solltest spätestens ab diesem Zeitpunkt unbedingt damit beginnen, finnische Webteppiche, jede Form von Alkoholika, Baumaschinen und Werkzeug zwischen Suomi und Saksa hin und her zu transportieren. Und – falls nicht schon klugerweise von Anfang an vorhanden – endlich eine Anhängerkupplung an deinem Fahrzeug anbringen lassen.

Ist der Besucheransturm groß (ab etwa dreißig Personen), ge-
hörst du definitiv dazu. Das befähigt dich zu ausgiebigen
Grill- und Räucherabenden mit deinen Nachbarn und gibt
dir die Erlaubnis, auch auf Finnisch zu fluchen. Nunmehr
darfst du jeden Ankommenden oder Abreisenden gemeinsam
mit den anderen Sommerhäuslern bei seinen Be- und
Entlade-Bemü-hungen beobachten und ihm dabei mit ausgesucht hilfreichen Ratschlägen zur Seite stehen.

Ein besonders beliebter Zuladungs-Artikel für die Transporte
mit dem Pkw zwischen Finnland und Deutschland sind die im
Kapitel schon aufgeführten »räsymatto«. Diese in Finnland ausnahmslos in allen Wohnungen, in den Küchen, Fluren, Bade-
und Wohnzimmern (wenn sie später etwas verschlissen sind,
auch im Hobbyraum und in etwaigen Garagen) ausgelegten
Flickerlteppiche gehören als »Basisausstattung« zu jedem Ge-
päck. Je größer sie sind, umso besser eignen sie sich zum Hin-
und Hertransport zwischen den beiden Ländern. Dabei müssen sie besonders pfleglich behandelt werden, da sie in den
meisten Fällen von der mitreisenden (und mitreißenden) finnischen Freundin oder Ehefrau mit ihren höchsteigenen Händen
gewebt wurden. Sie (die Teppiche) sind daher sorgsam aufge-
rollt – und werden niemals »entrollt«!

On meillä hauska täti, tuo täti Monika ...

Der Titel dieses Kapitels wird wahrscheinlich manch einer Leserin oder einem Leser ein Lächeln ins Gesicht zaubern: Denn mit diesem Text beginnt ein bekanntes, fröhliches finnisches Kinderlied. Ich vermute, dass es kaum ein Kind oder einen Erwachsenen im schönen Suomi gibt, dem die Melodie und die Worte unbekannt sind. »Wir ham 'ne lust'ge Tante, die Tante Monika ...« Das ist die etwas angepasste Übersetzung der obigen finnischen Zeile (»On meillä« = »Wir haben«, »hauska« = »fröhlich, lustig«, »täti« = »Tante« (wird eigentlich dem Eigennamen angehängt), »tuo« = »jene, jener, jenes«).

Kinderlieder, das ist eine alte Erfahrung, haben oftmals einen realen Hintergrund. Allerdings weiß ich nicht, meine Lieben, ob der Text dieses Gesangsstücks mit Blick auf eine wirklich existierende Tante verfasst wurde. Ist mir, ehrlich gesagt, momentan auch relativ schnurzpiepegal. Denn hier möchte ich auf jeden Fall ein Loblied anstimmen auf eine Tante, die es wirklich gibt und die – nach Jahren gerechnet – nicht mehr zu den jüngsten ihrer »Gattung« gehört. Doch ihre sehr individuelle Art sich zu kleiden, ihre Munterkeit und ihre Lebenslust strafen alle Lügen, die meinen, Sirpa-täti gehöre zum »alten Eisen«!

Sirpa-täti ist eine Schwester von Mattis Mutter und somit seine richtige Tante sowie eine Großtante der im vorhergehenden Kapitel erwähnten Kirsti. Klar. Das sollte es euch ermöglichen, Sirpa korrekt in das Geflecht verwandtschaftlicher Beziehungen einzuordnen, von dem hier die Rede ist. Mag sein, dass Mattis heiteres, stets zu Späßen aufgelegtes Gemüt ein Widerschein von Tante Sirpas unbeschwertem und lustigem Wesen ist. Denn mein lieber Freund hat in seiner Jugend viele Sommer bei Sirpa-täti zugebracht. Und ebenso, wie ihre Aufgekratztheit durchaus mal anstrengende Züge für die Umgebung annehmen kann, ist auch Mattis gelegentlich »unbegrenzte« Heiterkeit nicht ausnahmslos erholsam, wie ihr euch bestimmt nach dem bisher Geschilderten vorstellen könnt ...

Bevor ich jedoch mit eingehenderen Schilderungen von Tante Sirpa beginne, sei erläutert, dass sie meiner Überzeugung nach durchaus kein Einzelfall unter all den etwas älteren Tanten, Muttis, Omis und sonstigen Vertreterinnen des schönen, starken und gar nicht so selten recht eigensinnigen Geschlechtes in Finnland ist. Nein, nein, denn dann wäre sie wahrscheinlich in diesem Buch gar nicht erwähnt worden. Vielmehr ist es meiner Beobachtung nach so, dass Sirpa-täti eher die »Standard-Ausgabe« finnischer tätis, mummis (»mummi« = »Omi«) und sonstiger jung gebliebener Damen vorgerückten Alters in Suomi darstellt! Ihre im Verlauf des vorliegenden Kapitelchens zur Sprache kommenden Eigenheiten sowie die berichteten Anekdoten sind daher, glaube ich – und Matti gibt mir da rundherum recht – auf die Mehrheit der finnischen (und deutschen?) Damen der entsprechenden Altersgruppe zu übertragen.

Jetzt aber will ich euch, liebe Leserinnen und Leser, erzählen, wie es mit Sirpa-täti ist: Wir, das heißt meine allseits geliebte finnische Angetraute und meine Person, waren bei Sirpa im Sommerhäuschen zu Gast. Ein ganz wunderschönes Grundstück nennen sie und Heikki, ihr Ehemann, seit vielen Jahrzehnten ihr Eigen, an einem See in der Nähe von Jyväskylä. Dort besitzen sie neben dem eigentlichen kesämökki eine uralte Rauchsauna und eine der besten Strandsaunen, die ich in Finnland kenne. Vom Umkleideraum und der Terrasse aus hat man einen unvergleichlichen Blick über den weiten See, und die Stimmung am Morgen oder gegen Abend, wenn die niedrig stehende Sonne mit ihren Strahlen das Wasser, die Hügel und Bäume in ein unwirkliches rötliches Licht taucht, ist unbeschreiblich.

Ich war mehrfach mit Heikki in der Sauna, wenn diese bezaubernde Atmosphäre herrschte, und unser ganzes Gespräch bestand in einem ruhigen, freundschaftlichen Schweigen. Bestimmt könnt ihr nachfühlen, wie sehr wir im Einklang mit uns und unserer Umgebung waren: Diese Stille drückte alles aus, was wir empfanden ...

Bei diesen beiden herzensguten Menschen also waren wir zu Besuch, und Sirpa plante Größeres: ein Festessen mit Lachs, muikkuja (»Maränen«, Part. Pl. von »muikku« = »Maräne«), neuen Kartoffeln, Salat und – selbstverständlich – reichlich Butter. Mit Mühe konnten wir sie von der Idee abbringen, gemeinsam mit anderen Nachbarn sog. »rantakala« (wörtlich: »Strandfisch«, »ranta« = »Strand, Ufer«, »kala« = »Fisch«) zu kochen. Das ist eine Art Fischsuppe, die in einem großen, gusseisernen Kessel über offenem Feuer am Strand gekocht wird. Hört sich erstmal harmlos an, aber hat es in sich: »rantakala« schmeckt unfassbar lecker und flutscht nur so den Rachen runter! Der Grund ist das Rezept, wie ich es von meiner verehrten Schwiegermutter her kenne. Es schreibt nämlich vor, dass pro etwa drei Kilogramm Fisch mindestens (!) ein Kilogramm Butter (kein Schreibfehler!) zugefügt werden muss!

Nun also: Sirpa verzichtete auf »rantakala« und reduzierte ihr Vorhaben auf das oben erwähnte Menu. Und was geht jeder Mahlzeit voraus? Ich höre es: die Zubereitung. Richtig! Aber, liebe Leserinnen und Leser, noch ein Stückerl davor steht das Besorgen der benötigten Fressalien und Zutaten. Damit jedoch kommen wir zu Sirpa-tätis Spezialkenntnissen und wohlüberlegten taktischen Einkaufsstrategien.

Das sieht etwa folgendermaßen aus: Wir kurven in Heikkis uraltem Lada (Baujahr, soweit mir erinnerlich, vor 1980) Richtung Kirchendorf (Finnisch: »kirkonkylä«, »kirkko« ist bekannt, »kylä« = »Dorf«). Wobei wir uns auf Anweisung von Sirpa über diverse Umwege und Seitensträßchen anschleichen, »damit die Händler nicht zu früh bemerken, dass Kunden kommen!« Und hier liefere ich euch, liebe Leserschaft, den Grund, dessentwegen ich auf das eingangs vorgestellte Lied von der Tante Monika gekommen bin: Sirpa hat Feiertagsgala angelegt. Langer Rock, schicke Bluse, breitrandiger Sommerhut. Ihre gute Handtasche hängt über dem einen Arm, in der anderen Hand wartet der Birkenrindenkorb darauf, mit den vorgesehenen Delikatessen gefüllt zu werden.

Das Auto stellt Heikki unauffällig auf dem Parkplatz vor der Kirche ab. Der ist nach Meinung von Sirpa weit genug vom tori (»Marktplatz«) entfernt, um auch weiterhin »verdeckt operieren« zu können. Anschließend werden die Rollen verteilt: Meine liebe Ehefrau und ich sollen als deutsche Touristen in Erscheinung treten, die an den Verkaufsständen (es sind immerhin etwa vier Stück davon auf dem Platz) nach Lebensmitteln suchen und dabei in gebrochenem Finnisch über die unglaublich hohen Preise klagen.

Heikki nähert sich dann gemessenen Schrittes von hinten (er kann sowieso nicht schneller, da er in beiden Hüftgelenken Arthrose hat) und begutachtet die angebotenen Waren. Selbstverständlich versagt ihm dabei bald die Stimme, weil die Qualität so unerhört schlecht ist, dass ihm Tränen in die Augen treten. Damit das sicher klappt, hat Sirpa ihm aus dem heimischen Kräutergärtlein am Sommerhaus eine Zwiebel mitgegeben. Die, leicht angeschnitten und unauffällig in der Hand gehalten, gewährleistet den erwünschten Effekt, sobald sich Heikki ab und zu über die Augen wischt.

Nach diesem »Vorgeplänkel« tritt Sirpa auf: Resolut, energisch und hocherhobenen Hauptes kommt sie an den Stand, so dass ihr Rock, ihr Hut, ihr Einkaufskorb, die ganze Sirpa hin und her schwingen, nach hüben und drüben. Sie entspricht wirklich exakt der Beschreibung von täti Monika. Denn dort lautet der weitere Text: »Kun täti menee torille, on näky komea« (frei übersetzt auf Deutsch: »Wenn's Tantchen auf den Markt geht, ist's eine glänzende Erscheinung«). Und im weiteren Verlauf erzählt das Lied von allem, was an und mit täti Monika in Schwingungen gerät:: »Kas näin heiluu hattu, kas näin heiluu sulka, kas näin heiluu hame, kas näin heiluu kassi, kas näin heiluu peppu« (Deutsch, erneut frei übersetzt: »Guck mal, so wackelt der Hut, so wackelt die Feder, so wackelt der Rock, so wackelt die Tasche, so wackelt der Po«). – Diesmal findet ihr diese finnischen Wörter nur im Vokabelverzeichnis, weil es mir nicht sehr sinnvoll erscheint, alle hier im laufenden Text aufzulisten.

Nun aber geht Sirpas psychologische Kriegsführung weiter: Sie blickt den Verkäufer durchdringend an (ausweislich eines

Kreideschildes heißt er Kalle Kakkinen), wobei sie zur Verstärkung des Effektes ihre Brille so weit vorne auf die Nasenspitze setzt, dass sie problemlos über deren Rand hinwegschauen kann. Es handelt sich bei Kalle um einen Bauern aus dem Umland, der in seinem »kappa« (Hohlmaß aus Holz in Würfelform) ausgesprochen schmackhaft aussehende, sonnengelbe Kartoffeln mit fruchtbarer Erde dran anbietet. Der arme Kerl zieht sich vorsichtshalber hinter seinen Verkaufstisch zurück; fast habe ich den Eindruck, als lege er die Ohren an ... Dann kommt Sirpas scharf gezielte Frage: »mehlig oder fest?«, gefolgt von einem Dauer-Kreuzverhör: »Wann geerntet? – Wo gewachsen? – Womit gedüngt? – Hat deine Frau beim Ernten mitgeholfen? (Sirpa kennt Kalles bessere Hälfte, sie war früher Lehrerin und die bedauernswerte Bauersfrau eine ihrer Schülerinnen, nach Sirpas Meinung nicht die eifrigste) – Ist das dein letzter Preis?« und anderes mehr. Dann prüft sie mit Kennermiene so ungefähr jeden einzelnen der Erdäpfel und wählt genauestens die aus, die ihren Vorstellungen einer wohlschmeckenden Kartoffel entsprechen. Und so setzt sich das Spielchen fort mit den Gurken, Karotten und dem Salatkopf, den sie kaufen möchte. Insgesamt verbringt Sirpa etwa vierzig Minuten am Stand, und es bleibt mir als stillem Beobachter unklar: Sind die Bauern an den beiden Nachbarständen neidisch, weil Sirpa nur bei Kalle kauft, oder atmen sie erleichtert auf, dass dieser Kelch an ihnen vorübergeht. Fast neige ich der Annahme zu, dass Letzteres der Fall ist.

Zwischenzeitlich sind wir zu einem Kombi weitergegangen, der baujahrmäßig Heikkis Lada in nichts nachsteht. Die Heckklappe steht weit offen, und auf Eis in mancherlei Plastikbehältnissen glänzen muikkus unterschiedlicher Größen.

Der Kombibesitzer, raunt Heikki uns zu, darf die Fischlein nach neuesten Bestimmungen offiziell nicht mehr verkaufen, wegen der in Finnland zum göttlichen Gesetz erhobenen Hygienevorschriften ... Aber er hat so eine hervorragende Qualität, dass sogar der Leiter der örtlichen Gewerbeaufsicht unter der Hand durch Strohmänner bei ihm muikkus ersteht. Behauptete Heikki, und ich kann das nur so wiedergeben.

Obwohl also Heikki von der ausgezeichneten Beschaffenheit der Fischlein überzeugt ist, setzt er, seiner ihm von Sirpa verordneten Rolle gemäß, seine Zwiebel plangerecht ein und sieht tränenumflort auf die silbrig schimmernde Ware nieder. Und wieder taucht kurze Zeit später Sirpa auf, stolz und selbstbewusst, mit schwingender Tasche sowie pendelndem Korb und beginnt eine strenge Befragung des »Schwarzhändlers in Sachen muikku«: »Wo und in welchem Wasser sind die Fische geschwommen? – Wann hast du sie gefangen? – Wer kann deine Angaben bezeugen? – Warum sind die da so klein? – Und die da so groß? – Seit wann liegen sie auf Eis?« – Und so weiter und so fort.

Ihr könnt euch nicht vorstellen, welche Fragen man in Bezug auf das Warenangebot von Fisch (einer Sorte!) stellen kann. Bis ich Zeuge der Szene mit Sirpa und Heikki war, waren auch mir derartige Feinheiten völlig unbekannt! Ach, du armer muikku-Händler, noch jetzt beim Niederschreiben dieses Erlebnisses bedauere ich dich aus ehrlichem Herzen. Seine Wangen wurden immer röter, ob aus verhaltenem Unmut oder aus Verlegenheit, ich vermag es nicht zu sagen. Seine Hände gruben in den Eisstückchen und in den Fischlein, er muss eiskalte Finger bekommen haben. Die hinter Sirpa wartende Menschenschlange wurde länger und länger, und zwei ebenfalls dort ausharrende Polizisten forderten nach zwanzig Minuten Sirpa lautstark auf, ihren Fisch zu erstehen, das Feld zu räumen, die muikkus endlich freizugeben. Was dazu führte, dass Sirpa sie durchdringend musterte und dann zu dem einen meinte: »Du, Pentti, solltest den Schnabel halten! Du warst in der Schule schon immer so vorlaut. Also sei ruhig, du kriegst schon deine muikkus.«

Zu guter Letzt erstand sie einige Kilogramm der silbrig-schlüpfrigen Ware, meckerte zwar noch beim Einpacken über den »horrenden Preis«, schmunzelte jedoch wenig später sehr zufrieden, dass sie den Händler so weit runtergehandelt hatte. Pentti, dem Polizisten, warf sie einen missbilligenden Blick zu und stieß ihm »versehentlich« ihren Korb zwischen die Rippen. Was dieser ohne mit der Wimper zu zucken hinnahm und ihr sogar noch anbot, Korb und Tasche zu ihrem Wagen zu tragen, »der ja bestimmt wieder oben an der Kirche steht, oder?!« Na, da tat es Sirpa spürbar gut, dass sie verkünden konnte, meine Ehegefährtin und ich seien ja da, deswegen verzichte sie auf diese Hilfe.

Jetzt seid ihr, liebe Leserinnen und Leser, womöglich der Meinung, unsere Einkäufe seien erledigt? Mitnichten. Es fehlten ja noch Lachs, Butter und diverse Kleinmaterialien. Die waren nicht auf dem Markt zu bekommen, sondern im nahegelegenen Supermarkt. Dort weigerten wir uns, an Sirpas Rollenspiel weiterhin beteiligt zu sein, sondern stellten uns gemeinsam mit ihr an der Fischtheke an. Jetzt glaubt aber nur, dass der Lachskauf dadurch wesentlich beschleunigt wurde! Keinesfalls, ihr Lieben! Auch hier wurde heiß diskutiert, woher der Fisch gekommen sei, wie lange er schon im Haus sei, was er vorher gefressen habe und über tausenderlei andere Dinge. Meine Arme wurden immer länger, denn ich war zum Lastenträger erkoren worden, und insbesondere die Kartoffeln zogen mich ganz schön nach unten ... Ein Glück, dass wenigstens die (gesalzene) Butter abgepackt im Kühlregal lag, da erübrigten sich Diskussionen.

Als Sirpa und Heikki nach Verlassen des Supermarktes meine dem Zusammenbruch nahe schwächliche Konstitution bemerkten, erbarmte sich Heikki meiner mit der Bemerkung: »Poika parka. Tällaisia ovat ulkomaalaiset!« (Deutsch: »Armer Junge. So sind die Ausländer!«, »poika« = »Junge«, »parka« = »arm«, »tällainen« = »derartig«, »ovat« = »sie sind«, »ulkomaalaiset« = Nom. Pl. von »ulkomaalainen« = »Ausländer«) und holte das Auto vom Parkplatz zu uns.

Am gleichen Abend verspeisten wir in fröhlicher Runde am Seeufer frisch gegrillten Lachs und unvergleichlich köstliche, mit Erlenspänen geräucherte »Schwarzhandels«-muikkuja. Kalles Kartoffeln zergingen im Mund. Ihr glaubt gar nicht, wie ausgezeichnet Kartoffeln schmecken können! Ich liebe es, sie warm zu essen, so dass die salzige Butter noch verläuft, wenn man ein Stückchen davon auf die Gabel nimmt ... Es war ein herrlicher Abend, die Sonne schien, es ging ein leichter Wind vom Wasser her, der die Schnaken davon abhielt, uns aufzufressen. Die Birkenholzscheite im Feuer brannten mit ruhiger Flamme, und wir genossen unser Essen und Trinken, unser Zusammensein und die friedlichen, kurzweiligen und amüsanten Gespräche. Schönes Finnland! Lustige, fröhliche, verschmitzte Sirpa-täti! Und listiger und dennoch aufrichtiger und kluger Heikki!

Das Wichtigste in Kürze

1. einige Vokabeln

on meillä	wir haben
hauska	fröhlich, lustig
täti	Tante
tuo	jene, jener, jenes
mummi	Omi
muikku	Maräne
rantakala	Strandfisch
ranta	Strand, Ufer
kala	Fisch
kirkonkylä	Kirchendorf
kylä	Dorf
tori	Markt, Marktplatz
kas	guck mal!
näin	so
heilua	schwingen, schwanken
hattu	Hut
sulka	Vogelfeder
hame	Rock
kassi	Tasche
peppu	Kinderwort für »Po«
poika	Junge
parka	arm
tällainen	derartig, so
ovat	sie sind
ulkomaalainen	Ausländer

2. und einige (manchmal nicht ganz ernst gemeinte) Tipps

Geht ein männliches mit einem weiblichen Wesen zum Ein-
kaufen, so bedeutet das (habe ich mir zumindest sagen lassen)
in vielen Fällen für den Mann ein spannendes Abenteuer in
ihm unbekannten Welten.

Gesteigert wird diese Erfahrung (wurde mir berichtet), wenn
das weibliche Wesen finnischen Ursprungs ist und der Einkaufsbummel in Finnland stattfindet.

Den Charakter eines absoluten Überlebenstrainings nimmt
solch ein Unterfangen allerdings an (teilte man mir mit),
wenn die um Begleitung bittende Dame eine Finnin älteren
Semesters ist und es beim Einkauf um Lebensmittel wie Fisch,
Gemüse, Fleisch und ähnliches geht. Diese weibliche Spezies
ist von Beruf entweder Tante und/oder Mutter und/oder
Großmutter.

Daher: Stell dich vor einem entsprechenden Einkaufsbummel
auf unerwartete und unvergessliche Momente ein und lass es
einfach geschehen ...

Übrigens: Glaubt bloß nicht, liebe Leserinnen und Leser, dass
finnische Mütter es akzeptieren, wenn ihre inzwischen selbst
im »reiferen« Alter angekommenen Töchter in Finnland Fisch
kaufen wollen. Oder gar auf die Idee kommen, ihn putzen zu
wollen! So viele »Ei, ei, ei, ei, ei, ei, ei, ei, ei, ei, ei!« (»Nein,
nein, nein, nein, nein, nein, nein, nein, nein, nein, nein!«) wie
bei derartigen Gelegenheiten bekommt ihr wahrscheinlich nur
höchst selten zu hören ... Ihr versteht nicht, was ich meine?

Fragt jede Finnin, die ihre Mama in Suomi besucht und es dort wagt, solche nach mütterlicher Meinung verrückten Absichten zu äußern. Sie wird euch umfassende Aufklärung geben!

Hier sagen Fuchs und Hase sich:
»Hyvää yötä! Aber 'ne herrliche Gegend!«

Die russische Grenze ist nicht weit: Unser Streifzug quer durch Suomi hat uns nach Nordkarelien geführt, in eine kleine Stadt, die mir sehr am Herzen liegt. Denn Lieksa (denkt dran, meine Lieben, dass das nicht Liiiiiksa, sondern Li̯eksa ausgesprochen wird!) hat seit Jahren damit zu kämpfen, dass die Einwohnerzahlen kontinuierlich sinken. So lebten in der Gemeinde vor etwa zwanzig Jahren noch über 18.000 Menschen, heute sind es deutlich unter 13.000. Lieksas Einwohnerschaft hat sich beispielsweise in 2008 um mehr als 260 Menschen verringert. Die Stadt lag somit nach Kouvola und Rauma in Finnland an dritter Stelle hinsichtlich der Bevölkerungsabnahme (Quelle: statistics Finland). Und dieser Trend hat sich leider bis heute fortgesetzt.

Die Gründe, sie sind – wie stets – vielschichtig. Zutreffend ist wohl, dass die relative Abgeschiedenheit des Ortes und eine überdurchschnittlich hohe Arbeitslosigkeit eine Rolle spielen. Insbesondere für junge Familien scheint das Leben in Lieksa und der gesamten Region (als größte Stadt ist Joensuu nicht fern) nicht attraktiv genug zu sein.

Gut, gut, meine Lieben, ich höre schon vereinzeltes Gemurmel: »Sind wir hier in einer Politik-Vorlesung, oder was?« Und ihr habt ja recht: Die Lösungen für derartige Probleme müssen vor Ort von den dafür Zuständigen entwickelt werden. Jedoch: In meinen Büchern will ich zwar kurzweilig, aber, wie ihr sicherlich wisst, nicht nur schönfärberisch von Finnland berichten. Indes will ich an dieser Stelle nicht tiefer in die

Regional-Politik Nordkareliens einsteigen; das ganz sanfte Antippen der realen Problematik möge genügen. Denn es soll in
meinen Texten eben überwiegend lustig zugehen.

Kehren wir zurück nach Lieksa, dieser Schönen. Das Städtchen
ist noch mehr als viele andere in Finnland von ausgiebiger Natur umgeben. Und das will was heißen! Denn dieses großarti-
ge nordische Land besteht bekanntermaßen zu über neunzig
Prozent aus eben solcher Natur, wohin man schaut. »Finnland
ist BWWFF!«, sagt mein alter, guter Bekannter Isko, seines Zei-
chens engagierter Pfarrer und so ganz nebenbei ausgezeichneter Deutsch-Kenner, »Bäume, Wasser, Wiesen, Felder, Felsen!«
Mit Isko zusammen standen wir in der beeindruckenden Kirche von Lieksa, ganz in der Nähe des »Pielisen museo«. Es war
ein sonnendurchfluteter Tag. Ich werde die riesigen Glasfenster
hinter dem Altar, die den Blick auf Birken und Kiefern freigeben, nicht vergessen. Das Licht schien durch die grün belaubten
Zweige, und der Raum weitete sich bis in den blauen Himmel.

Der trotz seiner einmaligen Architektur schlichte Bau wurde
1982 errichtet und wird ob seiner Akustik gerne für Konzerte
genutzt. Zuvor (1979) hatte die am selben Ort nach Plänen
unseres lieben Carl Ludwig (siehe Kapitel: »Ein Engel für
Helsinki«) gebaute Kirche das gleiche Schicksal getroffen wie
so viele private und öffentliche Gebäude in Suomi im Verlauf
der Jahrhunderte: Sie war abgebrannt. Nur der separat stehende Glockenturm blieb erhalten. Und, um die Historie vollständig darzulegen: Das Engelsche Gotteshaus war auch schon
das dritte; ein erstes, im Jahre 1667 errichtetes, war 1772
durch ein größeres ersetzt worden. Und im Jahr 1828 erwisch-
te – zack! – der Blitz diesen Bau, was dem begabten Engel die

Chance eröffnete, 1832 hier sein architektonisches Genie wieder mal beweisen zu können.

Nun existiert in Lieksa selbstverständlich nicht nur die erwähnte Kirche. Und selbst auf die Gefahr hin, dass ihr meutert: »Also, allmählich geht dieser Schreiberling uns wirklich auf den Geist, mit seinen ewigen Lobpreisungen von finnischen Freilichtmuseen!«, ich muss euch jetzt von dem schon weiter oben kurz erwähnten »Pielisen museo« vorschwärmen! Nur um dieses Museum besuchen zu können, fahre ich gerne mehrere hundert Kilometer. So auch diesmal: Isko und ich brachen schon zeitig am frühen Morgen auf, um nicht zu spät über Joensuu nach Lieksa zu gelangen.

Hinter Joensuu (der Name bedeutet auf Deutsch wörtlich »Flussmündung«, »joki« = »Fluss«, »joen« ist der Gen. Sg. von »joki«, »suu« = Mündung«, aber auch »Mund«) bogen wir in einen sog. »museotie« (»Museumsweg«, »tie« = »Weg«) ein. Davon gibt es in Finnland einige, mehr oder weniger lang. Unter der Bezeichnung »museotie« ist jedoch nicht ein Weg zu verstehen, der zu irgendeinem Museum führt, sondern die Straße als solches hat musealen, malerischen Charakter: Sie windet sich schlangengleich über Hügel und durch Senken. In früheren Zeiten kamen eben nicht die gigantischen Maschinen zum Einsatz, die heutigentags beim Straßenbau benutzt werden und die Landschaft nivellieren (einst passte sich die Straße der Topografie an, heute wird das Land, dem Verkehr entsprechend, »platt« gemacht). Wir genossen beide die Fahrt und die teilweise spektakulären Ausblicke auf den »Pielinen«, den großen See, an dessen östlichem Ufer Lieksa zu finden ist. Verwaltungstechnisch gehört allerdings der Pielinen auch zum Gemeindegebiet von Lieksa, ebenso wie der weitberühmte »Koli«. Vom »Koli« aber soll später die Rede sein.

Hier am Ufer des Pielinen lebt eine von Iskos älteren Schwestern als Bäuerin, mit vier Kindern und einem Ehemann. Und mein lieber Pfarrer, dessen Leibesfülle der eines deutschen Durchschnitt-Klerikers durchaus nicht nachsteht, hatte uns geschickterweise für den heutigen Tag angemeldet, »zum zweiten Frühstück«, wie er schmunzelnd meinte. Isko ist nämlich absolut kein Kostverächter. Mir erscheint es einigermaßen realistisch, dass er für eine schmackhafte Mahlzeit auch mal einen Gottesdienst verschieben würde ... nicht ausfallen lassen, meine ich, aber so um ein oder zwei Stündlein später als vorgesehen abhalten ...

Jedenfalls: Katri freute sich ganz offensichtlich über unser Kommen, der Tisch war in Nullkommanix gedeckt, und wir (das heißt, an erster Stelle Isko) schwelgten in allerlei Leckereien: »rieska« (eine Art ungesäuertes Gerstenbrot), piirakka, selbstverständlich selbstgebacken, Eierbutter, »lettus« (»lettu« = kleine »Pfannkuchen«), lakka (»Multbeere«), goldbraun gebackene pulla und tausenderlei Schmackhaftes mehr. Und wie in Finnland ausnahmslos üblich, schütteten wir literweise Kaffee in uns hinein. Es war herrlich, und das Gelage hätte unserer Meinung nach noch lange so weitergehen können. Isko äußerte gar den Vorschlag, wir sollten Lieksa ausfallen lassen und hier bei Katri und ihrem Gefolge den Rest unseres Lebens bei gutem Essen und Trinken verbringen. Erst als Katri sich erhob und ihn sanft lächelnd aufforderte, dann den Kuhstall auszumisten, besann er sich ziemlich plötzlich: Er habe ja seine pastoralen Aufgaben in seinem Sprengel zu erfüllen, auch wenn dies bedeute, dass er – er blickte bedauernd erst auf den Tisch, dann auf seinen Bauch – dort nur mit bescheidenen Speisen vorlieb nehmen müsse. Stand dann fröhlich auf, der Schlingel, sagte »Kiitos ruoasta, pikku sisko!« (»Danke fürs Essen, kleine Schwester«, »ruoka« = »Essen«, »ruoasta« = »für das Essen«, »pikku« = »klein«, »sisko« = »Schwester«) und tröstete Katri mit dem Versprechen: »Wir kommen dann heute Abend zum Nachtessen wieder und bleiben bis morgen ...«

In Lieksa angekommen, besuchten wir als Erstes die schon beschriebene Kirche, ehe wir ins »Pielisen museo« am gegenüberliegenden Ufer des »Lieksanjoki« wanderten. In diesem ausgedehnten Freigelände (meiner Kenntnis nach handelt es sich, auch in Bezug auf die Exponate, um das zweit- oder drittgrößte Museum dieser Art in Suomi) könnt ihr in die Vergangenheit Kareliens »versinken«. Über siebzig verschiedene Gebäude unterschiedlichster Epochen sind hier aufgebaut, Bauernhäuser einschließlich ihrer Nebengebäude, ein originales Holzfäller-Camp, Wind- und Wassermühlen. In mehreren großen Lagerhäusern findet ihr alle nur denkbaren Maschinen: zum Beispiel unglaublich riesige Kettensägen, mit denen im vergangenen Jahrhundert die Holzfäller ihre Arbeit verrichteten. Die Größe dieser Geräte lässt es fast unvorstellbar erscheinen, dass sie überhaupt gehalten werden konnten. Es gibt Feuerwehrwagen und -autos zu bestaunen, bei deren Anblick man zu verstehen beginnt, wieso Brände in früheren Zeiten bei der überwiegenden Holzbauweise der Häuser noch weitaus mehr gefürchtet wurden als heute.

Wie ihr bemerken könnt, gerate ich bei der Schilderung dieses Museums derart ins Schwärmen, dass es klar wird, warum

Matti sich inzwischen weigert, mich dorthin zu begleiten. Isko, als Kirchenmann in Geduld und verständnisvoller Zuneigung geübt, ertrug meine Überschwänglichkeit mit relativ stoischer Ruhe. Ihn hielt aufrecht, dass ihm die ausgedehnte Besichtigungstour Gelegenheit bot, diverse kahvirinkeli (Kaffeegebäck in Form von gezuckerten Kringeln, »kahvi« = »Kaffee«, »rinkeli« = »Kringel, Brezel«) zu verspeisen. Die hatten wir als Notration für ihn sicherheitshalber vor dem Museumsbesuch im Supermarkt erstanden.

Wir verbrachten den gesamten Nachmittag im Museum, und ich muss wahrheitsgemäß berichten, dass Isko mir vieles, was da zu sehen ist, ganz persönlich näher brachte. Er kennt durch seine Bildung und seine Tätigkeit, seine zugewandte und menschenfreundliche Art unendlich viele Anekdoten und Erzählungen aus und über Karelien. Und die kann er humorvoll wiedergeben, wodurch dann an sich leblose Gegenstände quasi zum Leben erwachen. Es überraschte mich zwar selbst, aber als wir das Gelände verließen, standen die Zeiger meiner Armbanduhr auf kurz vor sechs Uhr am Abend.

Katri und ihr Mann empfingen uns hungrige Gesellen (denn ich muss gestehen, dass auch ich inzwischen meinen leeren Magen spürte) freundlich, und dann tischte Iskos Schwester auf, was Küche und Keller zu bieten hatten. Unmöglich, hier alles aufzuzählen. Es wurde ein sehr heiterer Abend, Isko schwelgte in Erinnerungen und in sämtlichen Speisen. Und als Markku, Katris Mann, die erste Flasche selbstgemachten Beerenwein entkorkte, stieg die Stimmung nochmals deutlich. Das Gesöff war wirklich nicht schlecht. Isko tat zwar anfangs kund, er werde nur mal nippen, um seinen Schwager nicht zu beleidigen. Es kam dann allerdings dazu, dass die Unterhaltung der beiden schleichend in einen Dialog einmündete, der sich in etwa folgendermaßen gestaltete: »Ich hoffe, Markku, du bist nicht beleidigt, weil ich nur mal koste!« – »Ehrlich gesagt, schon. Das Zeug is' wohl nicht gut genug für Euer Hochwohlgeboren.« – »Unverschämt! Dann gib mir halt noch ein Schlückchen, aber nur ein kleines! Na, etwas mehr darf's schon sein, alter Geizkragen!« – »Kippis (»Prost«), Euer Hochwohlgeboren!« – »Beleidige mich nicht, Schwager, wir haben schließlich einen Gast dabei (Blick auf mich)! Wohl bekomm's, lieber Freund!« – »Zum Wohl, Isko!« Und so weiter. Als Markku die dritte Flasche öffnete, war das für uns alle sehr zum Verwundern. Ich hatte doch nur ein Glas getrunken, allerhöchstens zwei. Na ja, möglicherweise auch drei oder vier. Aber bestimmt nicht mehr als fünf. Isko, der nahm sowieso immer nur ein Anstandsschlückchen. Und Markku hielt sich meiner Meinung nach auch sehr zurück. Isko äußerte den Verdacht: »Ob Katri ...?« Markku wehrte vehement ab, die tränke überhaupt keinen Alkohol. Isko seufzte: »Dann weiß es nur der liebe Gott!« – »Amen!«, antworteten Markku und ich unisono wie aus der Pistole geschossen. Anschließend gaben wir einige sehr schöne Kirchenlieder zum Besten, wobei ich mangels Textkenntnis großenteils nur mitsummte. Immerhin schafften wir es, zu dritt vier- oder fünfstimmig zu singen, bis Katri erschien und uns zur Ruhe mahnte, der Kinder wegen ... Nun, es war inzwischen ohnehin Zeit zum Schlummern.

Nach ausgiebigem Frühstück am Morgen darauf brachen wir auf, um eine der Hauptattraktionen der hiesigen Gegend aufzusuchen: den Koli. Die höchste Erhebung der kleinen Bergkette ist der Ukko-Koli (348 m hoch), Sitz des finnischen

»Zeus«, eben Ukko, und, das kann man uneingeschränkt sagen, ein heiliges, nationales Symbol für die Finnen, fast ein wenig vergleichbar dem Uluru der Aborigines (Ayers Rock) in Australien. Okay, der Vergleich hinkt etwas, aber ich hoffe, ihr wisst, wie ich es meine, liebe Leserinnen und Leser. Der Koli thront über der weiten Landschaft, zu seinen Füßen erstreckt sich der Pielinen-See, am jenseitigen Ufer, circa 25 bis 30 Kilometer entfernt, liegt Lieksa (von dort besteht im Sommer eine Fährverbindung per Schiff). Wir erstiegen den Gipfel bei wunderbar klarem Wetter und waren überwältigt von dem Rundumblick, nach Osten bis hinein nach Russland.

Archäologische Forschungen belegen, dass der Koli schon in vorchristlicher Zeit eine heidnische Kultstätte war. Im Verlauf des 19. Jahrhunderts wurde der Berg zum nationalen Naturgut und zog viele Künstler an, die von der einmaligen Atmosphäre gefangen und inspiriert wurden. So soll auch Jean Sibelius hier zu seiner 4. Symphonie und zur Karelia-Suite angeregt worden sein. Der Schriftsteller Juhani Aho (Schöpfer u. a. des Romans »Juha«, der 1911 erschien und unter dem Titel »Schweres Blut« ins Deutsche übersetzt wurde) und einige bekannte finnische Maler wurden durch die einzigartige Stimmung des Berges und der Landschaft berührt und begeistert. Seit Anfang der 1990er Jahre ist diese Erhebung Mittelpunkt des »Koli-Nationalparks«. Die Empfindungen beim Besuch des Gipfels lassen sich mit Worten nicht schildern, und daher empfehle ich euch: Fahrt selbst hin und spürt ...

Isko und ich, wir rissen uns nach langem Schauen und Sinnieren los und machten uns auf den Weg zu Eva Ryynänen und ihrem Atelier und Wohnhaus: Diese wahrscheinlich den meisten Besuchern Kareliens bekannte Künstlerin, schmächtig von Person, aber mächtig in ihrem Schaffen, lebte bis zu ihrem Tod 2001 in dem Örtchen Paateri (gehört zu Vuonisjärvi), etwa dreißig Kilometer südlich von Lieksa. Die Fahrt dorthin genossen wir: Isko trällerte wieder mal seine Liedchen (da macht er Matti echte Konkurrenz) und animierte mich ständig, irgendwelchen Mädel, die am Straßenrand warteten oder joggten, per Hupe zu signalisieren, dass hier zwei schicke Burschen kommen. Ihr seht, Trübsal blasen und dem realen Leben frömmelnd aus dem Weg gehen, das ist nicht sein Ding. Wären nur mehr Pfarrer von so heiterem Charakter!

Paateri besitzt mit dem Atelier und der bekannten Holzkapelle von Eva Ryynänen echte Schätze. Die Holzbildhauerin verarbeitete gewaltige Baumstämme zu in ihrer Art einzigartigen Kunstwerken. Die Stämme bezog sie aus den Urwäldern im heute russischen Teil Kareliens; dort wuchsen Bäume, deren Umfang weit über ein oder zwei Meter betrug. Mehr als 500 Skulpturen hat die Künstlerin geschaffen, die sich ausnahmslos mit den Themen Natur, Menschen und Tiere befassen. Zahllose Auszeichnungen erhielt sie und blieb alledem zum Trotz bescheiden und anspruchslos in ihren Bedürfnissen. In ihrem Haus in Paateri lebte sie bis zuletzt mit ihrem Ehemann Paavo, der sich immer im Hintergrund hielt. Er starb nur einige Monate nach Eva.

Isko und ich besichtigten sowohl Atelier als auch Kirche und Wohnhaus. Alle die Gebäude wurden auf ausdrücklichen Wunsch von Eva Ryynänen in dem Zustand belassen, in dem sie waren, als sie starb. So atmen sie spürbar den Geist dieser großen Frau und Künstlerin. Und auch für dieses Ziel gilt: Ihr werdet das Können und den Genius von Eva Ryynänen dann am tiefsten und unverfälscht wahrnehmen, wenn ihr selbst ihre Wohn- und Wirkstätte besucht. Sowohl Isko als auch ich empfehlen euch das aus ganzem Herzen.

Zum guten Schluss hier noch die Übersetzung der Kapitel-Überschrift, die übrigens von Isko stammt: »Hyvää yötä!« heißt auf Deutsch: »Gute Nacht!« (»hyvä« = »gut«, wie ihr sicher längst wisst, »yö« = »Nacht«, »yötä« ist der Part. Sg.). Also hat sich Isko hier vom deutschen Ausdruck »Fuchs und Has' sagen sich gute Nacht« inspirieren lassen. Kein Wunder, ist er selbst ja auch ein (lieber) »kettu« = »Fuchs« ...

Das Wichtigste in Kürze

1. einige Vokabeln

hyvä	gut
yö	Nacht
joki	Fluss
suu	Mund, Mündung
museotie	Museumsweg
tie	Weg
rieska	eine Art ungesäuertes Gerstenbrot
lettu	kleine Pfannkuchen
lakka	Multbeere
ruoka	Essen
ruoasta	für das Essen, wörtlich: vom Essen
pikku	klein
sisko	Schwester
kahvirinkeli	gezuckerte Kringel zum Kaffee

kahvi	Kaffee
rinkeli	Kringel, Brezel
kippis!	Prost!
kettu	Fuchs

2. und einige (manchmal nicht ganz ernst gemeinte) Tipps

Fahrt ihr mit einem finnischen Pfarrer vom Schlage Iskos durch die Lande, stellt euch darauf ein, dass euer frommer Begleiter nicht unbedingt dem gängigen Klischee vom Mann im Büßerhemd entspricht. Gott sei Dank! »Iskos« lieben es zu singen, mit kräftigem, weit tragendem Schall und in höchsten Tönen. Meist haben sie ja auch wegen ihres Berufes eine gewisse Gesangsausbildung hinter sich. Leider allerdings mit mehr oder auch mit weniger Erfolg ... Bei »meinem« Isko ganz eindeutig mit weniger.

Der Gottverbundenheit und der gemeindlichen Arbeit kommt dieses heitere, jedes unehrlich-frömmelnde Schauspiel vermeidende Auftreten in der Regel zugute. Und von Isko, der mit mir in Lieksa war, kann ich sagen, dass er sehr genau weiß, wo die Grenzen sind und wann Lockerheit erlaubt und wann sie unangebracht ist.

Für alle in diesem Kapitel aufgeführten Ziele solltet ihr euch Zeit nehmen! In einer Stunde durchs Pielisen museo, in einer weiteren auf den Koli und in einer dritten nach Paateri zu huschen, wird euch daran hindern, die echten Eindrücke in euch aufzunehmen. Finnlands Herz, gleichgültig, wo es nach Meinung der/des jeweils Befragten schlägt, möchte mit Geduld und Zeit erobert werden.

»Ich feiere meinen Festtag nicht!«

Bestimmt seid ihr mit mir einer Meinung, hochverehrte Leserschaft: Geburtstage und andere persönliche Feiertage erfüllen wichtige Aufgaben. Sie dienen der Erbauung und gesellschaftlichen Kontaktpflege und fördern das Wohlbefinden und Selbstwertgefühl der Jubilarin oder des Jubilars. Solche Tage führen längst vergessene, bis dato unbekannt verzogene Familienmitglieder in den Schoß ihres Stammes zurück, man erfährt allerlei Neuigkeiten von Töchtern, Söhnen, Enkelinnen und Enkeln, Nichten und Neffen, Tanten und Onkeln und so weiter und so fort.

Wer hatte schon mitbekommen, dass Olli durch die Prüfung gefallen war und jetzt gebrauchte Mähmaschinen verhökert? – Wem war vorher bekannt, dass Mari nicht nur drei Kinder von Esko, sondern noch ein viertes von Aarto hat? – Ist es nicht absolut unmöglich, dass Tante Elma sich einen neuen Freund zugelegt hat? In ihrem Alter! – Und ebenso unfassbar war es zu erfahren, dass Onkel Osmo ein Toupet trägt. Wie hatte man immer über sein volles Haar gestaunt und das auf die hervorragenden Familien-Gene zurückgeführt. – Aber erfreulich ist es, dass Irmeli endlich guter Hoffnung ist, lang genug gedauert hat es ja.

Nicht zuletzt bewirken familiäre Feiern, dass es zu einem Wirtschaftsboom im Supermarkt, beim einzigen leipomo (»Bäcker«) im Ort, im alko-Laden und im kauppa »kukka ja hautaus« (Laden »Blume und Beerdigung«, »kauppa« = »Laden, Geschäft«, »kukka« = »Blume«, »ja« = »und«, »hautaus« = »Beerdigung«) sowie beim Friseur kommt. Auch fast sämtliche anderen Läden profitieren von der Veranstaltung, denn es werden Geschenke, Glückwunschkarten, unzählige Rollen Einwickelpapier und Bänder besorgt.

Es lässt sich demnach sagen: Festtagsfeiern haben für ausnahmslos alle Beteiligten zentrale Bedeutung. Man kann schwätzen und lästern, hinter vorgehaltener Hand, besonders über die Nichterschienenen. Es gibt endlich einmal Gelegenheit, sich den Bauch vollzuschlagen und einander bedarfsmäßig zuzuprosten. Die guten Kleider werden mal wieder gelüftet und präsentiert (was man sonst ja nur beim Gang zum Sonntags-Gottesdienst tut). Dabei stellt Noora zu ihrem Entsetzen fest, wie sehr sie doch im letzten Jahr zugenommen hat. Ihr Ehemann Mauri dagegen wundert sich, wie stark seine Hosen eingelaufen sind ...

So weit, so gut.

Ich war schon voller Vorfreude: Unser allerseits – inzwischen auch bei vielen deutschen Finnland-Fans – beliebter und geachteter Freund Matti würde einen runden Geburtstag begehen. Ausnahmslos alle Bewohner der näheren und weiteren Umgebung wussten von dieser Tatsache. Die zu erwartende Veranstaltung war Tagesgespräch auf dem Markt und in den Geschäften des kleinen finnischen Dorfes, in dem Matti, wie er es auszudrücken beliebt, »sein armseliges Dasein fristet«. Urlaubsreisen wurden verschoben, Gerichtsprozesse vertagt, die Eröffnung der neuen Brücke über den schmalen Fluss zwischen dem oberen und unteren See auf einen neuen Termin verlegt. Denn: Matti will und soll feiern.

Päivi, die Matti-erfahrene und lebenskluge Ehefrau meines großartigen Freundes, grinste nur verhalten über die allgemeine Aufgeregtheit. Mir fiel das auf. Päivi ist nämlich durchaus ihrem Matti ebenbürtig, ihm gelegentlich sogar einen Schritt voraus, wenn es um Dinge geht, die am besten mit einem Lächeln oder Lachen zu lösen sind. Jetzt aber erlebte ich, dass sie und Matti öfter mal in Diskussionen verstrickt waren.

Und was mir sehr ungewöhnlich erschien: Die beiden führten ihre Unterhaltung dabei häufig so hitzig, dass ich nur ausschnittsweise mitbekam, von was sie handelte.

In diesem Zusammenhang erlaube ich mir doch mal eine kleine Bemerkung, die Finnen wahrscheinlich auf den ersten Blick nicht sofort verstehen. Es ging mir bei Päivis und Mattis »Streit« ganz überwiegend so: »Ymmärsin vain rautatieasema«, wie ein geflügeltes Wort bei uns in Saksa lautet. Also, auf Deutsch: »Ich verstand nur Bahnhof« (»ymmärtää« = »verstehen«, »ymmärsin« = »ich verstand«, »vain« = »nur«, »rautatieasema« = »Bahnhof«, wie ihr wisst). Doch merkt euch bitte: Zu meinem Bedauern kennen die Finnen diesen Ausdruck nicht. Woraus folgt: Solltet ihr diesen Satz einem finnischen Eingeborenen gegenüber mal benutzen, »versteht der nur Bahnhof« ...

Guter Witz, finde ich, und extrem geistreich. Könnte von Matti sein.

Was ich bei Päivis und Mattis Gesprächen kapierte, das waren einzelne Bemerkungen von Päivi, etwa in der Art wie: »Das ist doch völliger Quatsch« oder »das braucht's nicht«.

So vergingen die Tage, und im Dorf machte man sich zunehmend Gedanken. Denn Matti zeigte keinerlei Bedürfnis, Aufklärung über das von ihm geplante Feiertagsprogramm zu liefern. Die Dorfgemeinschaft war am Rätseln. An jeder Straßenecke, im R-kioski, in der Warteschlange vorm OTTO (das ist der Name der Geldautomaten in Finnland (siehe »Finnen? Finnen!«), allüberall trafen sich die Menschen und beratschlagten das weitere Vorgehen. Einige waren für aktives Nachfragen bei Freund Matti, doch die Mehrheit wollte scheinbar lieber abwarten. Es war ja allgemein bekannt, dass Matti so seinen eigenen Kopf hatte.

Nach mehreren Tagen des Zögerns erschien – welche Ehre! – sogar bei mir, dem zugereisten Deutschen, eine Delegation von Abgesandten: die beiden Vorsitzenden des hiesigen Veteranenvereins, die Schriftführerin der Pfarrgemeinde und der Vorsitzende des örtlichen Jagdvereins klopften artig an die Tür meines kesämökkis, wünschten »guten Tag« und kamen recht direkt auf ihr Anliegen zu sprechen. Ich sei, das habe sich im Laufe der Jahre im Ort herumgesprochen, doch eng mit Matti und Päivi befreundet. Ob ich keine näheren Informationen habe? Sie wollten ja nicht neugierig erscheinen, aber schließlich sei Matti nicht irgendwer, sondern eben Matti. Aus diesem Grund sei es erforderlich, in Erfahrung zu bringen, was er an seinem Geburtstag plane. Unter anderem wolle die Schuldirektorin wissen, ob sie an diesem Tag den Unterricht wie gewohnt abhalten könne.

Ich musste die Dame und die Herren enttäuschen: Auch ich wusste ja nicht mehr als alle anderen. Matti hüllte sich in Schweigen. Er genoss die Geheimniskrämerei ganz offensichtlich. Er liebt es ja, im Zentrum des Geschehens zu stehen. Und womit konnte er das besser erreichen, als durch sein Stillschweigen?!

Dann, etwa eine Woche vor dem großen Tag, kam der »Knaller«. Zumindest bezeichneten unsere Freunde aus Deutschland, die gerade zu Besuch bei uns weilten und erstmalig in Suomi waren, die Nachricht so. Ihnen waren finnische Sitten eben noch überhaupt nicht vertraut, und sie kannten sowas noch nicht ... Wir schlugen die örtliche Zeitung auf, ein eher unspektakuläres Wochenblättchen. Es war soeben erschienen und wurde in der Gegend flächendeckend verteilt, jeder Haushalt erhielt eine Ausgabe, im Supermarkt lagen die Exemplare an den Kassen, kostenlos, zum Mitnehmen.

Was, liebe Leserinnen und Leser, steht in einer derartigen Zeitung? Ich meine, in Finnland! Na klar, beispielsweise, dass auf dem Bauernhof in Pitkämaa der Blitz die Sauna getroffen hat. Oder in Suusola ein neuer uimaranta (»Schwimmstrand«, »uima« = »Schwimm-« (in Zusammensetzungen), »ranta« = »Ufer, Strand«) gebaut wird. Aktuell wurde in obiger Ausgabe auch die von mir schon kurz erwähnte Verschiebung der Brückenöffnung gemeldet. Derart sind also meist die sogenannten »offiziellen« Nachrichten. Aber dann gibt es selbstverständlich noch Annoncen, mehrere Seiten lang: geschäftliche, zum Beispiel vom Bekleidungsgeschäft, vom Friseur, vom einzigen Hotel etc. – und private Kleinanzeigen. Wer heiraten will. Wer gestorben ist. Wer irgendwas zu verkaufen hat. Und tausenderlei mehr.

Und da stand's, in dicken, schwarzen Lettern, mit ebenfalls

schwarzem Rahmen drumrum, nicht zu übersehen. »En juhli merkkipäivääni! Matti«.

Ja, meine Teuren und Lieben, jetzt schaut ihr, was?! Kann ich gut nachvollziehen, denn wenn ihr nicht etwas Finnisch versteht, wisst ihr gar nicht, was das auf Deutsch bedeutet. Ätsch! Obwohl ... so clever, wie ich euch einschätze, habt ihr die Verbindung zur Kapitelüberschrift sofort hergestellt, nicht wahr?

Und ihr habt exakt recht: »Ich feiere meinen Festtag nicht! Matti«, heißt dieser finnische Text auf Deutsch (»En« = Verneinung von »Ich«, also »Ich nicht«, »juhlia« = »feiern«, »merkkipäivä« meint »Festtag«, das finnische Wort »merkki« bedeutet aber eigentlich wörtlich »Zeichen, Merkzeichen« etc., die Endung »-ni« steht für das deutsche »mein« oder in diesem Fall »meinen«).

Und unter dieser Zeile eröffnete Matti weiterhin: »Olen matkoilla«. Das wiederum ist auf Deutsch nichts anderes als: »Ich bin verreist« (»Olen« = »Ich bin«, »matka« = »Reise«, »matkoilla« = »auf Reise«).

»Ich feiere meinen Festtag nicht! Matti. Bin verreist.« Das stand da. Eine Woche vor dem erwarteten Fest.

Nun, für mich kam das nicht besonders überraschend. Irgendeinen Gag hatte ich von meinem lieben Freund erwartet. Und wisst ihr was? Kein Mensch in der ganzen Gemeinde fand irgendwas Außergewöhnliches bei dieser Anzeige. Weshalb? Nun, schaut bei nächster Gelegenheit in irgendein finnisches Lokalblättchen; ich wette, ihr findet mehrere derartige Inserate.

Natürlich sind die entsprechenden Geburtstagskinder oder aus sonstigem Anlass Feiernden überhaupt nicht »auf Reisen«. Allenfalls auf »Lebensreise«, wenn ihr so wollt. Oh nein, sie sitzen voller Spannung zu Hause, haben je nach zu erwartendem Besuch Wasser, Saft, kotikalja (eine Art hausgemachtes Dünn- oder Malzbier), Schnaps oder gar Sekt und ähnliches kühl gestellt, einen umfangreichen Imbiss vorbereitet, Kaffee gekocht und haben Sahnetorte auf dem Tisch stehen. Die Blumenvasen wurden aus dem Schrank geräumt, die gesamte Wohnung einer Großreinigung unterzogen, manchmal gar neue Möbel fürs Wohnzimmer gekauft, und sich selbst haben sie neu eingekleidet.

Und wehe, es kommt keiner! Wozu hat man diese Anzeige in die Zeitung gesetzt?!

So also auch bei Matti. Päivis von mir nur bruchstückhaft verstandene Bemerkungen bezogen sich demnach nicht darauf, dass sie Mattis öffentliche Bekanntgabe, er feiere nicht, unmöglich fand. Nein, wie sie mir auf Nachfrage bestätigte, war die Annonce ihrer Meinung nach einfach völlig unnötig, weil doch sowieso jede und jeder in der Gemeinde von Mattis Geburtstag wusste.

Matti hielt an seinem Festtag huldvoll Hof, strotzte vor Witz und Übermut, sang sich in die Herzen der Gäste und imponierte allen, die es hören oder auch nicht hören wollten, mit den unglaublichen Mengen an Krebsen, die er angeblich im vergangenen Jahr aus dem See geholt hatte. Zu guter Letzt verschreckte er die Deutschlehrerin der örtlichen Höheren Schule mit seinen entsprechenden Sprachkenntnissen, so dass die etwas maushafte Dame sich kaum mehr traute, mir auf Deutsch »auf Wiedersehen« zu sagen. Kurz und gut, er genoss die Festivität in vollen Zügen.

Und er registrierte sehr genau, wer nicht erschienen war ... Wehe diesen beklagenswerten Zeitgenossen; sie würden vermutlich im kommenden Jahr nichts zu lachen haben. Es würde ihnen auch nichts helfen, wenn sie sich auf sein »Bin auf Reisen!« beriefen. Schließlich ist jeder Finnin und jedem Finnen von Kindesbeinen an bekannt, wozu derartige Mitteilungen dienen ...

Das Wichtigste in Kürze

1. einige Vokabeln

leipomo	Bäcker
kauppa	Geschäft, Laden
ja	und
kukka	Blume
hautaus	Beerdigung
ymmärtää	verstehen
ymmärsin	ich verstand
vain	nur
rautatieasema	Bahnhof
uimaranta	Schwimmstrand
uima	Schwimm-
	(in Zusammensetzungen)
ranta	Strand, Ufer
en	ich nicht (Verneinung von »ich«)
juhlia	feiern

merkkipäivä	bedeutet etwa »Festtag«
merkki	Zeichen, Merkzeichen etc.
-ni	Endung (Suffix) für
	»mein, meine, meines« usw.
olen	ich bin
matka	Reise
matkoilla	auf Reise
kalja	eine Art Dünn- oder Malzbier

2. und einige (manchmal nicht ganz ernst gemeinte) Tipps

Die Finnen haben ihre ganz eigene Art und Weise, ihre Feste zu feiern. Und auch manche sonstigen Bräuche unterscheiden sich gelegentlich deutlich von den unsrigen. Beispiele gefällig? Bitte sehr:

Meine liebe finnische Schwiegermutter erzählte mir unlängst, dass es ein für sie ganz typisches Bild sei, das sie nur von Deutschland kenne: Menschen, die Kuchen für irgendwelche Gelegenheiten vom Bäcker oder Konditor geholt haben und die Stückchen oder Torte auf der flachen Hand über die Straße tragen. Diese Szene verbinde sie immer mit Deutschland. Denn in Finnland werden Torten stets in Pappkartons verpackt, es kommt eine Kordel drum mit Halteschlaufe, und sodann wird die Leckerei an der Schlaufe nach Hause transportiert.

Bei einer Einladung bringt ihr vielleicht aus einem Blumen-geschäft einen – erfahrungsgemäß nicht ganz billigen – Blu-menstrauß für die Gastgeberin mit. Damit das kunstvolle Gebinde nicht Schaden leidet, ist es fein säuberlich in einer Cellophantüte verpackt. In etwa so, wie bei uns die halbver-

trockneten Blümlein von der Tankstelle. Allerdings mit dem
Unterschied, dass in Suomi die Tüte oben – siehe Tortenver-
packung – mittels Bändchen zugebunden und getragen wird.

In Deutschland ist es ja ein Stilbruch, Blumen mit Papier oder
in Cellophan zu überreichen; ausgenommen, es wurde ausdrücklich ein kunstvolles Papier-Arrangement geschaffen (was
ich, nebenbei gesagt, ziemlich blödsinnig finde). In Finnland
ist es meiner Beobachtung nach üblich, die Blumen so verpackt zu überreichen, wie sie erworben wurden.

Ist eine Finnin oder ein Finne in irgendeinem Verein, werdet
ihr in ihrer/seiner Wohnung mit ziemlicher Sicherheit bunte
Tisch-Wimpel finden, mit irgendwelchen gelegentlich recht
obskuren Abkürzungen drauf, je nach Organisation. Bei Matti
beispielsweise zieren derartige Fähnchen das gesamte Wohnzimmer. Denn er ist in jeder nur denkbaren Vereinigung, angefangen vom Schulverein über den Golfclub, den weiter oben
erwähnten Veteranenverein, dem Verein zur Förderung einer
neuen Kirchenorgel, dem Jagdverein, dem Fischereiverein, der
Interessenvertretung örtlicher Sommerhausbesitzer, der Herz-
Kreislauf-Schutz-Vereinigung, dem Verein zum Erhalt finnischen Kulturgutes, dem philosophischen Verein, dem Kajak-
club und was weiß ich noch. Und Vertreter aller dieser Vereine
kommen an einem wichtigen »merkkipäivä« vorbei, um einen
zu trinken (auch die Kirchenorgelleute!) und bei dieser Gelegenheit feierlich und mit ernster Miene einen Wimpel mit
Tischständer zu überreichen. Tatsache!

»Kuusamo, nyt kutsuu mua Kuusamo ...«
»Kuusamo, jetzt lockt mich Kuusamo ...«

Danny, oh Danny: Du bist nicht nur ein bekannter Rock-
und Schlagersänger vergangener Jahre in Finnland und ebenso teils im Ausland, du bist auch – soweit ich weiß – heute
noch im finnischen Musikgeschäft aktiv. Und du lockst mich
und mit mir meine Leserinnen und Leser nach Norden: mit
deinem Song, dessen Titel ich zur Überschrift dieses Kapitels
gewählt habe. 1975 hast du ihn präsentiert, und er wurde ein
Riesenerfolg in Finnland.

»Kuusamo, nyt kutsuu mua Kuusamo ...«, »Kuusamo, jetzt lockt
mich Kuusamo ...« (»nyt« = »jetzt«, »kutsua« = »locken, einladen«, »mua« = Slang für »minua« = »mich«). Dieses Lied von
Danny (mit bürgerlichem Namen Ilkka Johannes Lipsanen) war
wirklich ein Top-Hit in den 70er Jahren in Suomi, und interes-
santerweise wird es auch heutzutage noch recht oft gehört.

Allerdings: Für das finnische Radioprogramm ist das nicht
unbedingt ungewöhnlich, wie alle bestätigen dürften, die nur
einigermaßen ausdauernd im Hören von (beispielsweise)
Radio Savo sind. Dort werden neben aktuellen Songs durchaus solche aus früheren Epochen gesendet. Nicht so ganz selten
denke ich, sogar aus vergangenen Jahrhunderten! Ich würde
sagen, das Verhältnis neue zu alten Titeln beträgt etwa 20 : 80.
Na gut, bevor meine hochgeschätzten finnischen Verwandten,
Freunde und Bekannten oder meine Leserinnen und Leser
mich massakrieren, berichtige ich meine Angabe vorsichtshalber: möglicherweise ist etwa 22 : 78 korrekter ...

Doch nun hinweg von Danny und seinen Liedern, hinweg von Radio Savo und hin nach Kuusamo, dieser so »ohrwürmig« besungenen Stadt. Etwas weniger als 17.000 Menschen wohnen hier im Norden, wobei der größte Teil des Gemeindegebietes so ungefähr »unbesiedelte« Natur ist. Die Gegend unterscheidet sich von anderen in Finnland insbesondere durch die auffallend höheren Hügel.

Manfred, ein norddeutscher Bekannter, war vor einigen Jahren mal mit mir dort und geriet ins Schwärmen, als er den fast 500 Meter hohen Valtavaara zu Gesicht bekam. Er fand, das erinnere ihn sehr an die Alpen. Dieser Vergleich wiederum entlockte einem Ur-Bayern, der sich ebenfalls in unserer Gesellschaft befand, lediglich ein müdes Lächeln. Aber was will man auch von einem lütten Buttje aus der Nähe von Rendsburg anderes erwarten. Schließlich haben sie da »oben« in Schleswig-Holstein auch ihre »Hüttener Berge«, immerhin sagenhafte 108 oder 110 Meter hoch ... Kein Wunder also, dass er die Erhebungen um Kuusamo, zu denen der weitbekannte Rukatunturi mit 460 Metern gehört, als wahre Zugspitzen-Pendants erlebte.

Wo Hügel oder Berge existieren, gibt's natürlicherweise auch Täler und Senken. Und so ist die Landschaft hier um Kuusamo besonders abwechslungsreich gegliedert, mit vielen Seen, Stromschnellen, Schluchten, Wasserfällen und Felsenufern. Das ermöglicht nicht nur einmalige Wanderungen und Kanutouren, sondern auch so spektakuläre Unternehmungen wie Wildwasser-Rafting.

Der schon erwähnte Bayer war sofort dabei, als ich vorschlug, das mal mitzumachen, unser bergbegeisterter Tiefland-Alpinist Manfred allerdings befand, das sei doch etwas für jüngere Semester (er kratzte altersmäßig soeben an der 40). Ihn zog es mehr ins Tropiiki in Kuusamo, ein Spa-Hotel mit Erlebnisbad. Dort vergnügte er sich, wie wir abends von ihm erfuhren, unter anderem ausgiebig auf der Wasserrutsche. Und war völlig aufgelöst und unglücklich, weil seine Badehose an delikater Stelle durch das ständige Rutschen fadenscheinig geworden war.

Ja, ja, ich weiß schon, das gehört jetzt nicht hierher; aber nun seid doch nicht gleich so ungeduldig, meine Lieben! Denn irgendwie zählt das nun mal zu meinen Kuusamo-Erinnerungen. Zudem erlitt Matti, als ich ihm später davon erzählte (er war bei dieser Reise nicht dabei), einen wahren Lachanfall und kramte feixend aus irgendeiner Schublade seine alte Badehose hervor, durch die ebenfalls »der Mond scheinen konnte«. Typisch: Auch er hatte mal in einem derartigen Spaßbad die Rutsche so ungezügelt benutzt wie unser norddeutscher Freund. Und wie Matti so ist: Anschließend landete die Schwimmhose nicht im Müll, wo sie eigentlich hingehört hätte, sondern wurde zur steten Erinnerung aufgehoben und bei passendem Anlass als Beispiel für seine jugendliche Verwegenheit präsentiert.

Zurück zum Kuusamo-Aufenthalt. Mein forscher bajuwarischer Freund und ich meldeten uns bei einem der Rafting-Veranstalter an. Abenteurer, die wir waren und sind, entschieden wir uns für eine Tour von Juuma (das liegt etwa 45 Kilometer nördlich von Kuusamo) zum Pähkänäkallio (»Pähkänä-Felsen«, »kallio« = »Fels«) im Oulanka kansallispuisto (»Oulanka-Nationalpark«, »kansallis« = »National-« (in Zusammensetzungen), »puisto« = »Park«).

Obgleich ich mir sehr sicher bin, dass der Oulanka-Nationalpark den meisten Finnlandtouristen bekannt ist (die Finnen selbst kennen ihn garantiert ausnahmslos), möchte ich euch dringend empfehlen, ihn zu besuchen, falls ihr nach Kuusamo reist! Er ist zwar bei weitem nicht der flächenmäßig größte Naturpark in Suomi, aber meiner Überzeugung nach einer der beeindruckendsten. Der Oulankajoki (»Oulankafluss«, »joki« = »Fluss«) durchzieht ihn und bildet teils enge Schluchten mit brausenden, tobenden Stromschnellen, teils breitere, flache Ströme, durchsetzt mit Sandbänken. In dieser Wildnis leben Tiere, die andernorts in Europa als ausgerottet gelten oder extrem selten geworden sind: Adler, Luchse, Braunbären und andere.

Wir beiden, Sepp (wieso heißen nur alle Bayern »Josef« bzw. »Sepp«?) und ich kutschierten per Auto nach Juuma, Sepp erschien zur Abfahrt in seinen heißgeliebten Kniebund-Lederhosen, mit Strickstulpen um die kräftigen Waden. Nach längeren Diskussionen ließ er sich dazu bewegen, »normale« Strümpfe und Gummistiefel anzuziehen. Die Bundhose fand ich gut, sie war unverwüstlich und bot hervorragenden Schutz gegen die Mücken. Manfred begleitete unseren Aufbruch mit freundlichen Ratschlägen (»Passt gut auf euch auf!«) und unverhohlenem Grienen, als er Sepp in seinen Lederhosen erblickte. Selbstverständlich kam von ihm die Frage nach Filzhütchen und Gamsbart, und in letzter Minute bot er uns seinen Regenschirm an, »weil's da bestimmt ziemlich nass wird«. Na ja, da hatte er noch gut lachen, sein Badehosen-Ruin hatte noch nicht stattgefunden. Aber wir wissen ja: Die Strafe folgt auf dem Fuße.

Bei unserer Ankunft in Juuma warteten schon der Guide, eine Gruppe von fünf Leuten, das Gummiboot und die Ausrüstung auf uns. Wir wurden von Kopf bis Fuß wasserdicht verpackt, auch Sepp musste eine Gummihose über seine Krachledernen streifen, was ihm außerordentlich missfiel, wie ihr euch sicher vorstellen könnt (»Wia bei oanem Säugling!«). Schwimmwesten und Helm komplettierten die Staffage.

Und dann ging's los. Es war absolut herrlich, aufregend und grandios! Sepp kam aus dem anerkennenden Fluchen (»Teifi!« – »Sakra!«) nicht mehr raus, handhabte aber sein mela (»Stechpaddel«) bis auf eine Ausnahme sehr geschickt: Da zog er mir (versehentlich?) kurz mal das Blatt über den Schädel, woraufhin mir klar war, aus welchem Grund wir alle Helme trugen ... Aber wir überstanden die mehrstündige Fahrt ohne größere Blessuren, sogar die finnische Wurst am Lagerfeuer wurde von uns allen ohne Bauchgrimmen vertragen. Am Abend waren wir rechtschaffen müde, und der wunderbare Bericht, den uns Manfred über seine ausgedünnte, von hinnen geschiedene Badehose gab und den wir uns mit Ernsthaftigkeit und Schadenfreude anhörten, war die Krönung des Tages.

Manfred, Sepp, Mary, eine lustige, muntere Amerikanerin und ich beschlossen, unsere Zeit in Kuusamo zu einer Wanderung auf der pieni karhunkierros (»Kleine Bärenrunde«, »pieni« = »klein«, »karhu« = »Bär«, »karhun« ist der Gen. Sg. von »karhu«, »kierros« = »Runde«) zu nutzen. Diese Rundstrecke ist etwa zwölf Kilometer lang und somit unschwer an einem Tag zu bewältigen, im Gegensatz zur iso karhunkierros (»Große Bärenrunde«, »iso« = »groß«). Die erstreckt sich nämlich über 95 Kilometer und beansprucht mehrere Tage, wenn man sie erwandern möchte. Wir brachen sehr früh auf, wie es uns empfohlen worden war, um die Morgenstimmung auf dem vor uns liegenden reizvollen Weg erleben zu können.

Damit ihr, liebe Leserinnen und Leser, euch ein Bild von unserem Outfit machen könnt: Josef erschien wieder in Kniebundhose, Stulpen und Wanderstiefeln, Manfred und ich, wir hatten uns wegen der zu erwartenden Schnakenattacken gut vermummt. Manfred hielt es gar für erforderlich, seinen grünen Anglerhut mit Moskitonetz aufzusetzen. »Schon aus Prinzip!«, meinte er, weil er dieses Gebilde von Deutschland mit nach hier geschleppt habe. Mary dagegen, in amerikanischer Leichtlebigkeit, gedachte, den Ausflug in T-Shirt, Shorts und Turnschuhen zu absolvieren. So schlimm wie in Kanada könne die Stechmückenplage hier ja nicht sein, äußerte sie; und dort sei sie auch in der beschriebenen Kleidung umhergezogen.

Egal wie zeitig wir starteten und wie jung der Morgen war: Es gab genügend Einheimische, die in den Genuss unserer »Expedition« kamen, als wir uns vor unserem Quartier trafen. Immer wieder zuckten Kamera-Blitzlichter auf, vereinzelt wurden Vermutungen geäußert, hier werde möglicherweise ein neuer Film von Aki Kaurismäki gedreht. Andere standen auf dem Standpunkt, wir könnten nur eine Gruppe entsprungener Zuchthäusler sein, die zu ihrer Tarnung übergeworfen hätten, was sie gerade an Kleidung fanden.

Als ich meinen lieben Begleitern bekanntgab, wie die morgendliche Öffentlichkeit von Kuusamo über uns dachte, waren sie anfangs amüsiert, stimmten jedoch nach und nach zu, sich eher situationsgemäß zu kleiden. Bis auf Josef, der partout darauf bestand, sein süddeutsches Erscheinungsbild sei angemessen. Ich konnte sagen, was ich wollte, es war, als redete ich gegen eine Wand. Dieser Sepp erinnerte mich immer aufs Neue an meinen Freund Matti; dem traue ich ebenfalls zu, irgendwo in Deutschland bei einer offiziellen Feier in seiner Sommerhaus-Kluft aufzutauchen.

Wir begannen unsere Wanderung auch an diesem Tag in Juuma, nämlich im Lomakylä retki-etappi (»Feriendorf Reise-Etappe«, »loma« = »Ferien«, »kylä« = »Dorf«, »retki« = »Reise, Fahrt, Ausflug«, »etappi« = »Etappe«). Schon nach einem kurzen Wegstück erreichten wir den Niskakoski (»Nacken-Stromschnelle«, »niska« = »Nacken, Genick«, »koski« = »Stromschnelle«). Im weiteren Verlauf durchquerten wir Fichten- und Kiefernwälder und Sümpfe, hörten die Wasser des Kitkajoki am Myllykoski, Aallokkokoski und am Wasserfall Jyrävä rauschen, gelangten mittels mehrerer Hängebrücken über den Fluss und durchschritten das bekannte Kallioportti (»Felsentor«, »portti« = »Tor«).

Wie bei so vielen Ausflügen und Besichtigungen, die ich in Finnland erlebt habe, erscheint es mir auch hier nicht möglich, wirklich zutreffend die Stimmung wiederzugeben, die uns in dieser ursprünglichen, unberührten Natur ergriff. Die wallenden Nebel des frühen Morgens, das leise Glucksen in den Sümpfen, das tosende Rauschen der Wasserfälle, die Sonne, die durch die Äste der Bäume schien und ein Muster aus Licht und Schatten auf den Boden zeichnete, ein einsamer Vogelschrei in der Ferne ...

Wir redeten zu Beginn der Tour noch miteinander über uns und unsere Erlebnisse, aber nach und nach verstummte das Gespräch, obgleich wir zusammen blieben, und es entstand ein entspanntes, freundlich zugewandtes Schweigen zwischen uns Vieren. Wir machten Pause, verspeisten unseren Proviant, brachen wieder auf – alles ohne oberflächliches Geschwätz. Und: Selbst die im Vorfeld von uns so gefürchteten Schnaken hielten sich brav zurück, verlustierten sich fast ausnahmslos an Sepps Waden, und auch das nur recht vereinzelt. Dazu kam, dass sie es offenbar nicht schafften, die dicke Wollschicht seiner Stulpen zu durchdringen. Das wiederum veranlasste den lieben Sepp nach Rückkehr in unser Hotel, mir längere Vorträge darüber zu halten, wie sinnvoll doch seine bayrische Mode für hiesige Gefilde sei. Ich solle das ausdrücklich in meinem Finnland-Buch erwähnen. Was ich hiermit getan habe.

Noch eine weitere Sehenswürdigkeit in der Umgebung von Kuusamo sei hier kurz vorgestellt: Das ist »Julma Ölkky« (»fürchterlicher Ölkky«, »julma« = »schrecklich, fürchterlich«, »Ölkky« ist nicht übersetzbar), ein von bis zu fünfzig Meter hohen Felsen eingeschlossener, etwa drei Kilometer langer und maximal hundert, an der schmalsten Stelle lediglich zwanzig Meter breiter See. Geheimnisvolle Sagen und abergläubische Geschichten ranken sich um das Gewässer und seine teilweise bizarren Felsformationen. »Julma Ölkky« liegt ungefähr 75 Kilometer südlich von Kuusamo.

»Schutz der Natur ist Schutz von Menschenleben«: In Kuusamo wohnte und wirkte ein Schriftsteller, der sich nicht nur als Journalist und Autor, sondern auch als Naturschützer einen Namen erworben hat. Und das zu Zeiten, als ökologi-

sche Fragen noch längst nicht ins Bewusstsein breiterer
Schichten gedrungen waren: Reino Rinne (1913-2002). Mit
all seiner Schreibkunst und auch persönlich engagierte er sich
sein gesamtes Leben lang für den Erhalt der Natur in der Umgebung Kuusamos. Dabei hat er auch die Auseinandersetzung
mit Politikern und Bürokraten nicht gescheut. Meine Frau
und ich hatten als junge Studenten mit einer seiner Töchter
engen Kontakt und haben von ihr so manches über die
Schwierigkeiten und Widerstände gehört, die er bei seiner
Überzeugungsarbeit zu überwinden hatte. Leider habe ich
Reino Rinne niemals persönlich kennengelernt. Doch sein
obiges Motto »Schutz der Natur ist Schutz von Menschenleben« drückt alles Notwendige aus. Insbesondere, wenn man
die unvergleichliche Schönheit der sanft-wilden Natur im Gebiet um Kuusamo gesehen hat, kann man nur Bewunderung
für die Weitsichtigkeit dieses Mannes empfinden. Daher gehört sein Name für mich zu Kuusamo.

Mary, unsere vergnügte, quirlige amerikanische Gefährtin,
Manfred, der bedächtige, zögerliche norddeutsche Spökenkie-
ker, Sepp, das schneidige Original aus Deutschlands Süden:
Sie alle haben ihre Herzen an Kuusamo verloren.

Und nicht nur das! Mary und Josef, in fast biblischer Ein-
tracht, sind inzwischen fest liiert. Soweit ich es mitbekommen
habe, begann das Feuerchen zwischen den beiden auf der Bärenrunde zu glühen und entfachte sich beim abendlichen Ab-
schiedsessen vor unserem Abreisetag zur hoch auflodernden
Liebesflamme. Tja. Die ganze Geschichte ist nun, grob überschlagen, drei Jahre her. Vor einigen Wochen aber trudelte bei
mir ein Brieflein ein, fein säuberlich adressiert und frankiert.

Drinnen fand ich ein hübsches Foto der beiden mit der Mitteilung, sie beabsichtigten, im kommenden Jahr zu ehelichen. Und wo soll die Feier stattfinden? Welche Frage!

Und jetzt kommt's: Soll ich euch verraten, wer Trauzeuge sein wird? Nein, falsch gedacht, ihr Treuherzigen: nicht ich, sondern Matti. Es ist wirklich wahr: Matti. Den hatten Mary und Sepp im Anschluss an den Kuusamo-Aufenthalt in unserem Sommerhaus kennengelernt, wohin ich sie mitgenommen hatte, weil wir uns so gut verstanden.

Ob ihr eine gewisse Idee davon habt, wie es bei uns im Sommerhaus und in der Sauna zuging, als die Drei dort waren? Von Mary will ich ja nicht reden, die wurde sehr geschickt und »professionell« von meiner lieben Ehefrau »aufgefangen«. Aber Josef und Matti – das könnt ihr euch nicht vorstellen. Der eine ständig in Lederhosen und mit den obligatorischen roten Stulpen, am liebsten noch beim Saunagang, der andere im Trainingsanzug und mit uralten Gummistiefeln an den Füßen. So ruderten sie mit dem Boot stundenlang übern See, schauten angeblich da und dort nach Mattis Reusen, kamen jedoch stets ohne irgendwelche Fische zurück und lachten sich kringelig, wenn Päivi protestierte. Selbst Danny kam zu Ehren: Mehrfach hatten wir das »Vergnügen«, nach der Sauna sein »Kuusamo-laulu« (»laulu« = »Lied«) zu Ohren zu bekommen. Da saßen die beiden auf dem Steg und schmetterten diese Melodie übers Wasser. Es war schaurig-schön! Aber so muss das, scheint's, nun mal sein, wenn ein bayrischer und ein finnischer Schlingel zusammenkommen.

Auf jeden Fall bin ich heute schon auf die Hochzeitsfeier von

Mary und Sepp gespannt. Sie wird mit absoluter Sicherheit ein Erlebnis!

Das Wichtigste in Kürze

1. einige Vokabeln

nyt	jetzt
kutsua	locken, einladen
mua	Slang für »minua« = »mich«
minua	mich
kallio	Fels
kansallis	National- (in Zusammensetzungen)
puisto	Park
joki	Fluss
mela	Stechpaddel
pieni	klein
karhu	Bär
kierros	Runde
iso	groß
loma	Ferien
kylä	Dorf
retki	Reise, Fahrt, Ausflug
etappi	Etappe
niska	Nacken
koski	Stromschnelle
portti	Tor
julma	schrecklich, fürchterlich
laulu	Lied

2. und einige (manchmal nicht ganz ernst gemeinte) Tipps

Wasserrutschen haben ihren Reiz nicht nur für Kinder, sondern machen auch gar manchem Erwachsenen Spaß, und das nicht nur in Suomi. Doch bedenkt, ihr Sportskanonen, dass es bei zu eifriger Benutzung der Rutschbahn zu deutlichen »Reibungsverlusten« eurer Badebekleidung kommen kann. Das entsprechende Resultat ist auf Grund der dabei im Allgemeinen hauptsächlich beanspruchten Körperregion nicht mit dem Begriff »Offenherzigkeit« zu beschreiben; es sei denn, der betreffenden weiblichen oder männlichen Frohnatur wäre »das Herz in die Hose gerutscht« ... Unser lieber Manfred jedenfalls errötete schamhaft, wenn er auf sein Badehosen-Drama angesprochen wurde – eine Reaktion, die sich logischerweise weder Mary noch Sepp entgehen ließen.

»Raftings« oder »Stromschnellenfahrten« sind spannende, reizvolle Unternehmungen, die bei entsprechender Tourauswahl auch problemlos als Familienausflug mit größeren Kindern durchgeführt werden können. Es gibt in Kuusamo mehrere Veranstalter derartiger Fahrten. Auf Grund der in Finnland bestehenden behördlichen Auflagen und der im Vergleich zu vielen anderen Ländern sprichwörtlichen Zuverlässigkeit der Organisatoren ist die Versorgung mit der entsprechenden Ausrüstung (wasserdichte Bekleidung, Helm, Schwimmweste usw.) ebenso wie die eigentliche Durchführung des »Abenteuers« in der Regel optimal. Lasst euch einfach vor Ort beraten.

Tango, Humppa, Walzer:
»Damenwahl und Männerqual«

Der Abend war lau, wir hatten, obgleich es nicht Samstag, sondern Freitag war, die Sauna geheizt, der Rauchgeruch hing noch in der Luft. Sanfte Wellen plätscherten gegen die Steine am Ufer und bespülten die Holzpfähle, die den Steg an seiner Stelle hielten. Päivi und meine liebe Ehefrau waren damit beschäftigt, Kaffee zu kochen. Matti verkündete derweil, wir würden uns um das nuotio (»Lagerfeuer«) und alles Weitere kümmern.

Dieses Kümmern sah dann folgendermaßen aus: Ich hatte alle Hände voll zu tun, um Holz und Papier, tulitikkuja (»Streichhölzer«, »tuli« = »Feuer«, »tikku« = »Splitter«), Bänke, den Tisch und dergleichen mehr zum Feuerplatz zu schaffen. Matti kümmerte sich im Haus eifrig um die »geistigen« Getränke, während ich vom puuliiteri (»Holzschuppen«, »puu« = »Holz«, »liiteri« = »Schuppen«) Berge von Brennholz herbeischaffte und mich von den dort reichlich vorhandenen Schnaken piesacken ließ. Das war so die Arbeitsteilung. Offensichtlich hatte Matti das Kapitel »Anflug, Warteschleife, Landung ... Stich« in meinem Buch »Finnen? Finnen!« gelesen und daraus seine Konsequenzen gezogen. Erst als die Rauchschwaden des Lagerfeuers sich allmählich auflösten und nur noch dünne, bläuliche Fäden nach oben kringelten, erschien mein lieber Freund. Ich aber lag mit tränenden Augen neben dem Feuer am Boden, einer Ohnmacht nahe, völlig außer Atem wegen des ausgiebigen Pustens beim Anfachen. Matti setzte seinen Korb mit einigen Fläschchen olut (»Bier«) vorsichtig ab, beugte sich besorgt über mich und meinte, er werde mir jetzt helfen und einige von den dicken Holzscheiten, die ich hergeschleppt hatte, aufs Feuer legen ... Dann ginge es mir bestimmt gleich besser. Tat auch wie versprochen, wunderte sich über meine Ermattung und mahnte mich mit eindringlichen Worten, doch mehr Lebensmut zu entwickeln und mir an seiner Energie ein Beispiel zu nehmen. Ich nickte nur atemlos und versprach, sobald ich wieder ein wenig Luft geschöpft hatte, ihm ab sofort in allem nachzueifern. Wobei ein Blitz aus seinen Augen mir bewies, dass er die Doppeldeutigkeit meiner Antwort sofort erfasst hatte.

Seine Rache kam postwendend: »Kannst du son (schon) morgen machen. Gehen wir tanzen auf tanssilava (»Tanzboden«, »tanssi« = »Tanz«, »lava« = »Bühne, Tribüne«, in obiger Verbindung dem alten deutschen Wort »Tanzboden« entsprechend)!«

Da hatte er mich erwischt. Ich und tanzen! Tanzen und ich! Vor Jahrzehnten waren wir mal zu viert im neu eröffneten Hotel im Dorf tanzen gewesen. Päivi, die Bedauernswerte, fühlte sich damals ebenso wie ich dazu verpflichtet, einen gemeinsamen Tanz mit mir aufs Parkett zu legen. Es waren grausame Minuten, und ich werde Päivis erst ungläubig staunenden, dann zunehmend verwunderten, endlich vernichtenden Blick nie vergessen, als sie feststellte, dass ich nicht wusste, wohin mit meinen Füßen. Und ihre waren mir ständig im Weg. Wir stolperten während des gesamten Tanzes – es war ein finnischer Humppa – durch die anderen Paare. Das hatte zwar den Vorteil, dass man uns respektvoll Platz machte, um keine Verletzungen wie blaue Flecken oder gar offene Wunden durch meine Schuhspitzen oder Absätze davonzutragen, aber ich war nach einer Minute schweißgebadet und sehnte nur noch der Welten Ende herbei ...

Päivi verhielt sich dann den weiteren Abend hindurch – im Gegensatz zu Matti – mir gegenüber recht schweigsam, ich aber hing in meinem Clubsesselchen, schwerst angeschlagen wie ein Boxer, der bis neun angezählt worden war. Matti, erinnere ich mich, hatte meine tänzerische Schwerstarbeit sehr genau registriert und ließ natürlich entsprechende Bemerkungen vom Stapel, dergestalt, dass mein »lateinamerikanischer Tanzstil« sicher nur durch intensives, jahrelanges Training so zu perfektionieren sei und dergleichen. Bis zum heutigen Tag bekomme ich Alpträume, wenn ich an die Szene von damals denke. Und bis heute ist dieses für Päivi und mich gleichermaßen traumatisierende Erlebnis eine von Mattis stärksten und am besten erprobten Waffen, wenn er mir eins auswischen möchte.

Aber klein beigeben gilt nicht, da kannte mich Matti. Dem Burschen würde ich's schon zeigen. Also setzte ich meine zuversichtlichste Miene auf, lächelte geheimnisvoll wie die Sphinx und entgegnete wegwerfend: »Sehr gut, ich freu' mich schon drauf! Wo gehen wir hin?« – Meine lockere Reaktion zeigte tatsächlich den gewünschten Effekt: Matti wirkte eindeutig verunsichert. Schließlich war er, wie ich wusste, auch nicht als Preistänzer auf die Welt gekommen. Eher erweckt er beim Tanzen den Eindruck, einer der finnischen Braunbären sei versehentlich auf die Tanzfläche geraten. Im Prinzip, so ist meine Überzeugung, kennt Matti nur einen Tanz: den sehr langsamen, langsamen, mittelschnellen und schnellen Matti-Foxtrott mit von ihm entwickelten, sehr individualistischen Schrittfolgen. Den tanzt er konsequent durch, gleichgültig, welches Musikstück die Band bringt. Bei Walzern hat er zwar dadurch stets einige Probleme, aber das liegt, seiner festen Überzeugung nach, immer an den Musikern, die so ungleichmäßig spielen.

Päivi ist eben nur an seine Art, sich auf dem tanssilava zu bewegen, gewöhnt. Kein Wunder, dass sie schon damals nicht mit meiner ausgefeilten Technik zurechtkam ... Mit solchen und ähnlichen Gedanken versuchte ich mich psychisch aufzubauen und mich für das Ereignis am nächsten Tag zu wappnen.

Matti konnte selbstverständlich auch keinen Rückzieher mehr machen und durchstöberte die Zeitung nach den aktuellen Tanzvergnügungen am kommenden Wochenende. Schließlich wurde er fündig: Ganz in der Nähe sollte ein Ü40-Konzert stattfinden, mit einer Gruppe, die er noch aus früheren, »besseren«, wie er bemerkte, Zeiten kannte. Päivi und meine holde Ehefrau zeigten kein ausgeprägtes Interesse, uns dorthin zu begleiten. Ihre Gründe, sie blieben uns verborgen, auch wenn wir gewisse Vermutungen hatten ...

Ich nehme an, liebe Leserinnen und Leser, dass ich jetzt doch was Grundsätzliches über die Tanzplätze in Finnland erzählen muss.

Bei diesen Einrichtungen handelt es sich traditionell um große, oftmals runde oder sechseckige, pavillonartige Holzgebäude mit einer mächtigen Mittelsäule, die das Dach trägt. Ich kenne allerdings auch tanssilavas, die eher wie ein langgestrecktes Haus gebaut sind und innen, links und rechts vom mittig gelegenen Eingang, je eine derartige Säule haben. Entlang der Wände des weitläufigen Innenraums finden sich Holzbänke, während die Mitte um die Säule frei bleibt fürs Tanzvergnügen. Irgendwo ist dann noch ein Podest für die Musikgruppe. Die Säule stellt eine natürliche »Achse« dar, um die in früheren Zeiten die Rundtänze der bäuerlichen Jugend stattfanden. Aber auch in unseren Tagen dreht sich jede und jeder um diese Säule. In Kajaani habe ich als »Jungspund« mal mit einer Finnin den dortigen tanssilava besucht. Es war ein echtes Abenteuer! Es ging in rasendem Tempo rund um den Raum, nur in einem kleinen Bereich direkt an der Mittelsäule konntest du einigermaßen stehen und verschnaufen oder »knutschen«. Sobald du auch nur einen Meter von dieser »Ruhezone« in den Außenbereich kamst, wurdest du rigoros, hemmungslos und ohne Rücksicht auf Verluste umgetanzt und fandest dich auf dem Boden liegend wieder ... Das entspricht wirklich der Wahrheit.

Die Tänzer bei diesen Veranstaltungen, gleich welchen Alters, welcher Profession und Herkunft, gleich welcher Konstitution, haben in der Regel bald nach Tanzbeginn einen leicht stieren Blick. Je später es wird, umso glasiger schauen sie, und umso grandioser werden ihre Tanzkünste. Die können sie allerdings dann meist nur noch angelehnt an die Schultern ihrer in der Regel deutlich klarer blickenden Damen darbieten. Gar manches Mal habe ich mich echt gewundert, dass bildhübsche Mädel mit einem Tanzpartner daherschoben, der definitiv nur noch »auf Gummibeinen« stehen konnte. Und mehrfach habe ich erlebt, dass ich am Ärmel gezupft wurde als Aufforderung, zuzuhören. Der Betreffende schickte sich anschließend überraschenderweise an, mir seine traurigen Lebenserfahrungen zu berichten – auf Deutsch (!), während er am Nachmittag desselben Tages so ungefähr nicht mal zu wissen schien, dass es die deutsche Sprache überhaupt gibt.

Zum Glück sind die Finnen ganz überwiegend gutmütige und

friedfertige Menschen! Allerdings habe ich gerade bei der oben berichteten Gelegenheit in Kajaani erlebt, dass ein junger Finne mir auf dem Tanzplatz eine »überbraten« wollte. Er konnte es überhaupt nicht verknusen, dass Deutschland bei der damals gerade stattfindenden Olympiade mit zwei Nationalteams vertreten war: eines aus der zu jener Zeit noch existierenden DDR, eines aus der BRD. Ihn brachte furchtbar auf die Palme, dass Saksa seiner Meinung nach auf diese Weise doppelte Chancen auf Medaillen hatte ... Erschwerend kam in seinen Augen offenbar hinzu, dass ich mir eine der besonders hübschen Finninnen angelacht hatte.

Erlebt man als »Greenhorn«, wie ich es zum damaligen Zeitpunkt war, diese angetörnten Tänzer, fragt man sich selbstverständlich, wie sie es bewerkstelligen, in den geschilderten Zustand zu gelangen ... Denn am tanssilava gab es früher gar keine alkoholischen Getränke. Und bei »alko«, in den finnischen Alkoholläden (und nur dort konnte man Alkoholika erwerben), waren sie unverschämt teuer. Auffallend erschien mir allerdings, dass die Finnen ständig auf den Toiletten verschwanden – oder unter den Bäumen und zwischen den Büschen auf dem weitläufigen Gelände.

Erst durch meinen lieben Matti, den ich schon seinerzeit kennenlernte, wurde ich dann in die Geheimnisse finnischer maskuliner Tanzplatz-Rituale eingeführt: Matti nahm mich bei einer derartigen Gelegenheit zur Seite und drückte mir wortlos einen Flachmann in die Hand. Unvoreingenommen nahm ich einen kräftigen Schluck – ja, ich hab's doch soeben gesagt, ich war halt noch ein absolutes Unschuldslamm – und glaubte, mein letztes Stündlein sei angebrochen! Lodernde

Flammen schlugen aus meinem Mund, mein Rachen glühte. Zumindest hatte ich dieses Gefühl! Matti aber kümmerte sich nicht um mein Sterben, sondern kippte den Rest der Flasche in sich hinein und strebte erneut der Tanzfläche zu. So lernte ich »pontikka« kennen, jenen selbstgebrannten Schnaps der finnischen Widerstandsbewegung gegen das staatliche Alkoholmonopol.

Nun aber zurück zu Mattis aktuellem Vorschlag, zu zweit einen tanssilava zu besuchen:

Der Samstagabend kam. Ich warf mich in Schale: schicke, knallenge Jeans (zumindest empfand ich sie so; möglicherweise als Folge der Tatsache, dass ich den Gürtel nur im letzten Loch schließen konnte), bequeme Wildlederschuhe, farbig passendes Hemd, schmaler Lederschlips. Dann schlüpfte ich noch in ein elegantes Sakko, dass ich letztens beim kirpputori (»Flohmarkt«, »kirppu« = »Floh«, »tori« = »Markt«) entdeckt und erworben hatte. Ich fand mich äußerst fesch und ließ mir das auch von meiner lieben Frau bestätigen. Warum nur grinste sie so respektlos?

Matti holte mich ab. Glücklicherweise begleitete ihn Päivi, sonst hätte ich ihn womöglich nicht erkannt: lindgrüne Umschlaghose, weißes Hemd mit Button-down Kragen, schwarze Lederweste, Western-Stiefeletten, auf Hochglanz poliert, breitkrempiger Hut. Päivi begrüßte uns sofort mit den geflüsterten Worten: »En voi sille mitään!« (»Ich kann nichts dafür!«, wörtlich: »Ich nicht kann dafür etwas!« »En« = »ich nicht«, »voida« = »können«, »sille« = »dafür«, »mitään« = »etwas«). Als wir aufbrachen, standen Päivi und mein Eheweib feixend unter der Tür. Matti allerdings meinte, das sei kein Grinsen, sondern ein Ausdruck des Bedauerns, dass zwei so attraktive Burschen ohne sie auf »kosioretki« (»Brautschau«) gingen.

Wir kurvten einige Zeit schneidig durch die umgebenden Wälder, bis Matti mit viel Getöse auf den Parkplatz vor dem tanssilava fuhr. Es dauerte einige Zeit, bis die bei seinem Einparken aufgewirbelten Staubwolken sich gelegt hatten. Dann sahen wir, dass wir nicht die Einzigen waren, die sich hier eingefunden hatten, um das Tanzbein zu schwingen: Vor dem Kassenhäuschen standen die Leute Schlange. Beim Blick auf die Menge entdeckte ich: Matti lag mit seiner Bekleidung voll im Trend. Es dominierten Rosa-, Grün- und Grautöne, die Damen waren überwiegend in Hosenanzügen erschienen, bei den Herren fanden sich mehrfach ebensolche Schlaghosen, wie sie auch von meinem verehrten Freund getragen wurden. Ich schätzte das optische Alter der hier versammelten Vergnügungssüchtigen auf +/- 50. Schließlich kann man sein Äußeres heutzutage mittels diverser kosmetischer Mittelchen und Tricks und etwas Geschick auch ohne Lifting entscheidend aufwerten; das ist in Suomi nicht anders üblich als bei uns.

Aus dem Holzpavillon ertönten verheißungsvolle Klänge. Offenbar war Tango angesagt. Wir drängten uns durch die Menschen, Matti mit stolz geschwellter Brust, weil er mit seinem Cowboy-Hut erhebliche Aufmerksamkeit erregte. Die Schneise, die er in die Versammlung schlug, nutzte ich, indem ich »in seinem Kielwasser segelte«. So gelangten wir zügig ins Innere, wo die Band durch Lautstärke auszugleichen suchte, was ihr an Musikalität abging. Von Vorteil schien mir, dass insbesondere der Schlagzeuger deutlich hervorstach. Das erleichterte das Erkennen und Einhalten des aktuell gespielten Rhythmus: Grundvoraussetzung für ein einigermaßen gesittetes und »taktvolles« Tanzen.

Wir blickten uns um: Im Halbdunkel hockten allerlei weibliche Personen auf den Bänken, eindeutig mehr als männliche Wesen. Kurios fand ich, dass doch tatsächlich nicht wenige Geschlechtertrennung betrieben: Auf der einen Seite saßen fast ausschließlich Mädel, auf der gegenüberliegenden Jungs. Das kannte ich nur aus den Zeiten, als sich meine dazumal jugendfrischen Wangen noch mit einem zarten Flaum erster Barthaare schmückten.

Matti allerdings schien das nicht ungewöhnlich zu finden. Er taxierte kühl und mit lässig in den Nacken geschobenem »Sombrero« den »kanankoppi« (»Hühnerstall«, »kana« = »Huhn«, »koppi« = »Stall«). Ich bedaure diesen respektlosen Ausdruck, aber das waren Mattis Worte. Und doch hatte ich den Eindruck, dass sich hinter seiner »Hoppla-hier-komm-ich«-Masche ein klein wenig Unsicherheit verbarg. Denn: »Müssen wir erst noch draußen Mond gucken«, raunte er mir hinter vorgehaltener Hand zu. Was nichts anderes bedeutete, als dass er mich aus dem Pavillon ans Ufer des angrenzenden Sees schleifte und dort den schon beschriebenen Flachmann (es war wirklich derselbe!) aus seiner Weste kramte. Inzwischen bin ich allerdings schon einiges in Bezug auf Mattis pontikka gewohnt, und so nippte ich nur vorsichtig. Mein finnischer Cowboy allerdings langte kräftig zu.

Inzwischen war die Musik im Haus womöglich noch lauter geworden, man spielte inzwischen im zügigen Wechsel Tango,

Humppa, Walzer. Wir starteten also in Richtung auf die Damenbänke und ließen dort unseren gesamten Charme spielen. Und der ist nicht wenig, sage ich euch! Ganz besonders Mattis Repertoire an höflich-frechen Sprüchen ist ja schier unerschöpflich, und so waren seine und meine Bemühungen letztendlich auch erfolgreich. Unsere Frauen hätten uns sehen sollen! Wir waren die ungekrönten Könige des tanssilava – na ja, mindestens mal Matti. Ich befand mich eher in der Rolle eines Kerkermeisters. Matti hatte mich nämlich dazu verdonnert, auf eine etwas dickliche Blondine aufzupassen, die es scheinbar auf ihn abgesehen hatte, was ihm gar nicht behagte. Also musste ich ihm den Rücken freihalten, das zartgebaute Madämchen pausenlos beschäftigen und mit ihr übers Parkett walzen ...

Dann aber, zu leicht vorgerückter Zeit, es erklangen meist finnische, traurige Tangos in Moll, kam die Stunde der vollschlanken Dame: Die Kapelle spielte einen Tusch. Die Anwesenden schraken hoch. Eine etwa einen Meter hohe, schmale Lampe an der erwähnten Säule leuchtete rot (!) auf: »naistenhaku« (»Damenwahl«) war dort zu lesen. Matti wollte sich zwar noch rasch verkrümeln, wurde aber von besagter Jungfer abgefangen, indem sie ihm ein Bein stellte, als er an ihr vorüberhuschen wollte.

Und auch auf mich wartete ein langhaariges Wesen. Sie wollte unbedingt ihre Deutschkenntnisse an mir erproben, die sie sich in jahrelangem Fernstudium angeeignet hatte. War ja auch gar nicht so übel, ausgenommen, dass sie mir dauernd vorhielt, meine deutsche Aussprache sei ganz verheerend, sie könne mich kaum verstehen. Als ich dann meine paar Finnisch-Brocken zusammenklaubte, fand sie das total süüüüüüß ...

Nun gut, meine lieben Leserinnen und Leser, ich will euch nicht mit weiteren Details unseres Tanzvergnügens langweilen. Soviel sei gesagt: Wir hatten viel Spaß! Matti entwand sich geschickt den Avancen besagter Blondine, indem er »rein zufällig« beim Bezahlen eines Drinks in seinem Portemonnaie Fotos seiner Holden und seiner Kinder fand und ihr stolz präsentierte. Der Erfolg dieses Schachzuges stellte sich postwendend ein: Madam musste plötzlich dringend »für kleine Mädchen« und ward anschließend nicht mehr gesehen ...

Gegen zwei Uhr am Morgen, Matti war inzwischen zum »Frontmann« der Band avanciert und sang mehr oder weniger melodisch melancholische Lieder, läutete ein letzter Tango das Ende der Veranstaltung ein. Wir brachen bald danach auf, aus bestimmten Gründen nicht im eigenen Auto, sondern per Taxi. Unsere lieben Frauen schliefen schon, als wir nach Hause kamen. Aber nicht lange, denn wir hatten viel zu erzählen ...

Das Wichtigste in Kürze

1. einige Vokabeln

nuotio	Lagerfeuer
tulitikkuja	Streichhölzer
tuli	Feuer
tikku	Splitter
puuliiteri	Holzschuppen
puu	Holz, Baum
liiteri	Schuppen
olut	Bier

tanssilava	Tanzboden, Tanzplatz
tanssi	Tanz
lava	Bühne, Tribüne
Humppa	finnischer Foxtrott
pontikka	selbstgebrannter Schnaps
kirpputori	Flohmarkt
kirppu	Floh
tori	Markt
en	Ich nicht (Verneinung von »minä« = »ich«)
voida	können
sille	dafür
mitään	etwas
kosioretki	Brautschau
kanankoppi	Hühnerstall
kana	Huhn
koppi	Stall
naistenhaku	Damenwahl
kuningas	König

2. und einige (manchmal nicht ganz ernst gemeinte) Tipps

In Finnland gab es früher unzählige sog. »tanssilava« unterschiedlichster Größe. In sehr vielen Gemeinden existierten gar mehrere, denn die Finnen waren und sind ein Volk von Tänzerinnen und Tänzern. Die alljährliche Wahl beispielsweise des sog. »Tangokuningas« (»Tango-König«) wird ausführlichst im Fernsehen übertragen und fasziniert etwa 99 Prozent aller Finnen derartig, dass die Straßen zur Sendezeit leergefegt sind – so wie bei uns zur Fußball-Weltmeisterschaft. Inzwischen hat die Zahl der Tanzplätze natürlich abgenommen, aber es gibt immer noch hunderte davon. Zudem scheint sich in den letzten Jahren eine tanssilava-Renaissance zu entwickeln, denn vielerorts werden alte Tanzplätze renoviert und wiederbelebt.

Mit Matti war ich bei der in diesem Kapitel beschriebenen Episode auf einer Tanzveranstaltung für nicht mehr ganz Junge. Es gibt aber selbstverständlich auch Konzerte und Tanzabende für die Jüngeren, mit Rockmusik, Metal, Pop, aktuellen Schlagern usw. Wenn ihr, liebe Leserinnen und Leser, also beabsichtigt, so ein Fest zu besuchen, informiert euch rechtzeitig, für welche Altersgruppe das Ganze gedacht ist. Denn die entsprechenden Lokalitäten sind nicht immer direkt um die Ecke zu finden; manches Mal fährt man -zig Kilometer, bis man da ist! Und dann ist es nicht unbedingt erfreulich, wenn man als 18jährige oder 18jähriger ankommt und feststellt, dass da nur 50- bis 60jährige stehen. Und umgekehrt.

Bei allen derartigen Veranstaltungen gilt: Kein Tropfen Alkohol, wenn ihr selbst nach Hause fahren wollt! Die finnische Polizei ist da äußerst wachsam und unerbittlich! Nicht ohne Grund sind auch Matti und ich per Taxi in unsere heimischen Nester zurückgekehrt.

Ii und Yli-Ii am Iijoki mit Kierikki
sowie Kiiminki am Kiiminkijoki

Nein, nein, liebe Leserinnen und Leser, diese Kapitelüberschrift entstammt nicht der chinesischen Sprache! Dass die Finnen ihre Vokale lieben, ganz besonders das »I«, wissen wir doch schon seit geraumer Zeit, oder?

Wir befinden uns ganz in der Nähe der südlichen Grenze Finnisch-Lapplands, gar nicht so weit weg von Oulu. Und »Ii« ist einfach eine Gemeinde etwa vierzig Kilometer nördlich dieser Großstadt (Oulu hat etwa 140.000 Einwohner und ist Universitätsstadt). Woher der Name »Ii« definitiv stammt, kann ich euch trotz intensiver Recherchen nicht mit letzter Gewissheit sagen. Vermutlich hat er seinen Ursprung in der samischen Sprache (wobei es *die* samische Sprache nicht gibt – in Finnland sind drei samische Sprachen/Hauptdialekte anzutreffen).

Egal. Fest steht, dass Ii ein lebendiger Ort ist, in dem sich um die 9.000 Menschen wohlfühlen. Und nachdem hier vor einiger Zeit eine Art »Silicon Valley« realisiert wurde, wo führende Technologie-Unternehmen und wichtige Firmen der IT-Branche Niederlassungen gegründet haben, ist Ii sogar bevölkerungsmäßig eine Zuwachsgemeinde. Dabei macht sich sicherlich auch bemerkbar, dass – wie erwähnt – Oulu mit seinen bedeutenden High-Tech-Industrien nicht weit entfernt liegt.

Auch Yli-Ii findet sich als Ortsname in dieser einsamen Gegend. Auf den Straßen 851 bzw. 849, den Iijoki (»Ii-Fluss«, »joki« = »Fluss«) entlang, gelangt man nach nur 26 Kilometern von Ii aus dorthin. Auf Deutsch würde das Dörfchen mit seinen ungefähr 2.200 Bürgerinnen und Bürgern »Über-Ii« heißen (»yli« = »über«).

Ii ist eine sehr alte Siedlung. Die günstige Lage am Meer, an der Mündung des Iijoki, machte die Gegend schon in der Steinzeit für die Menschen interessant. Und auch in den folgenden Jahrtausenden existierten hier Siedlungen. Ii selbst spielte als Handelsplatz ab etwa der zweiten Hälfte des 14. Jahrhunderts eine recht bedeutende Rolle, verlor aber seine handelspolitische Vormachtstellung später an Oulu. Interessant ist, dass dieser Ort Eisenbahnanschluss hat – im Gegensatz zu manch einer Gemeinde weiter im Süden von Suomi. Seit Anfang des 20. Jahrhunderts existiert der Bahnhof Ii an der Strecke nach Tornio.

Sehen wir uns also Ii mal an, fahren wir »Iihin«. »Iihin«, meine Lieben, heißt auf Deutsch »nach Ii«. Und da reitet mich doch der Teufel, ich muss sofort das Wortspielchen machen: »Fahren wir nach Ii hin«. Sagt, was ihr wollt, ich find's lustig.

Das Schönste an Ii ist meiner Meinung nach die Landschaft: der Fluss, der die Stadt quert, sein Mündungsgebiet und die Inseln und Schären vor der Küste. Und erwähnenswert finde ich noch die Erzählung von Isko, meinem geistlichen und geistreichen Freund und lutherischen Pfarrer, den ihr schon beim Besuch von Lieksa kennengelernt habt. Isko erzählte mir nämlich von den acht Kirchen, die im Laufe der Jahrhunderte in Ii errichtet wurden und immer wieder abbrannten. Das scheint selbst für Finnland mit seinen häufigen Feuersbrünsten auf Grund der verbreiteten Holzarchitektur vergangener

Zeiten ein gewisser Rekord zu sein. Teils legten wohl irgendwelche marodierenden Kriegsbanden Feuer, teils taten Ge-
witter das Ihrige. Am kürzesten stand die Kirche im 16. Jahrhundert: Nur drei Jahre lang konnte sie ihren Zweck erfüllen,
dann brannten Bösewichter sie nieder. Und am längsten hielt
bisher die siebte Kirche aus: Etwa 250 Jahre lang fanden in ihr
Gottesdienste statt, bis sie 1942 in Flammen aufging. Nicht
auf Grund kriegerischer Vorgänge, sondern durch einen
»schlichten« Kugelblitz. Erst 1950 konnte dann die heutige
(achte) Kirche geweiht werden.

Mit diesen Angaben zu Ii erschöpft sich aber auch bereits, was
in diesem Flecken sehenswert ist; zumindest nach meinem
Kenntnisstand. Spannender finde ich dann schon Yli-Ii. Das ist
zwar hinsichtlich der Einwohnerzahl kleiner, aber dort gibt's
was Besonderes anzuschauen: Das Kierikki nämlich. Die Bezeichnung erinnert zwar sehr an einen Hahnenschrei, aber
Kierikki ist was völlig Anderes: ein äußerst sehenswertes, ein-
maliges archäologisches Zentrum nämlich.

Um die Assoziation »Hahnenschrei« kurz informations-tech-
nisch abzuschließen: Ein »Hahnenschrei« oder eben »Kikeriki!«
wäre auf Finnisch »kukkokiekku!«. Nach Meinung von Päivi,
Matti und Isko, die ich dazu befragt habe, krähen die finnischen Gockelhähne allerdings nicht »kukkokiekku!«, sondern
wohl »kikeriki!« wie außer-finnische Hähne auch. Um ehrlich
zu sein: Mir ist das ziemlich schnuppe, wenn der Hahn im benachbarten Hühnerhof mich morgens nur in Ruhe ausschla-
fen lässt.

Das »Kierikkikeskus« (»Kierikkizentrum«, »keskus« = »Zen-

trum«) lohnt auf jeden Fall einen Besuch! Es ist nicht nur hervorragend geführt (wie die meisten finnischen Museen), sondern erlaubt einen umfassenden, faszinierenden Einblick in
das Leben der Menschen, die hier und in der Umgebung vor
5.000 bis 7.000 Jahren gelebt haben. Schon das Hauptgebäu-
de des ausgedehnten Freigeländes ist sehenswert: Es ist als
Blockhaus nach Erkenntnissen der hier tätigen Forscher errichtet worden und stellt eine architektonische Besonderheit dar.
Es demonstriert anschaulich die Art und Weise, wie die in
Kierikki vor tausenden von Jahren lebenden Menschen bauten.
Ganz nebenbei ist es der größte Blockbohlenbau in Nord-
europa und erhielt mehrere namhafte Architektur-Preise.

Besonders erwähnenswert finde ich, dass es im »Steinzeit-
Kierikki« Reihen- und Mehrfamilienhäuser gab! Unsere Vorstellung von primitiven Höhlenmenschen, die gerade mal in
der Lage waren, ihre Wohnlöcher mit Fellen etwas wohnlicher
zu gestalten, müssen wir wohl deutlich revidieren. Hier standen Gebäude, die laut den Angaben des Museums bis zu sechzig Meter lang waren und teilweise sieben Wohnungen ent-
hielten. Matti, mit dem Päivi und ich hier waren, wurde ange-
sichts der Eindrücke, die wir beim Durchwandern des Gelän-
des erhielten, immer aufmerksamer ... Auf der Fahrt hierher
hatte er noch ständig getönt, so ein langweiliges Ausflugsziel
hätte er noch nie »vor die Nase gesetzt bekommen«, wie er es
ausdrückte (Päivi und ich hatten beschlossen, nach Yli-Ii zu
fahren). Er saß auf dem Beifahrersitz und nörgelte unablässig
herum. Bei jedem Straßenschild, das auf irgendeine Stadt oder
eine Sehenswürdigkeit hinwies, kam mit absoluter Sicherheit
von ihm die Bemerkung: »Dahin wir sollten fahren. Ist sehr
interessant!« Und als die Gegend dann zunehmend einsam

wurde, versank er in brütendes Schweigen und seufzte lediglich sporadisch mal abgrundtief auf, um uns an seinem Leid teilhaben zu lassen.

Doch beim Gang durch Kierikki wurde er wacher und wacher, und zum Schluss war er hellauf begeistert. Und fand *seine* Idee, hierher zu fahren, hervorragend. Er könne gar nicht verstehen, dass wir keine Lust gehabt hätten, die Tour zu unternehmen. Schließlich seien das die eigentlichen Wurzeln Finnlands. Das müsse man gesehen haben. Gut, dass er uns zu dem Ausflug überredet habe. Und so weiter und so fort ... Typisch Matti eben ... Päivi und ich, wir nahmen's gelassen und ließen ihn reden.

Kierikki ist unter anderem deshalb so spannend, weil es Ausstellungsstücke nicht nur passiv präsentiert, sondern als interaktives Informationszentrum konzipiert ist. So kann man selbst beispielsweise in verschiedenen Arbeitsgängen das Schleifen von Pfeilspitzen versuchen oder sich im Gebrauch von Pfeil und Bogen üben. Letzteres war für Matti eine besondere Herausforderung, da er schon beim Dart-Spiel am kesämökki grundsätzlich daneben wirft – mit der fadenscheinigen Begründung, das sei sowieso nur eine Kinderei und eines erwachsenen Menschen unwürdig ... Als allerdings seine Enkelkinder dabei deutlich besser als er abschnitten, war er zutiefst beleidigt, verzog sich in die Sauna, heizte die auf über hundert Grad hoch, so dass so ungefähr die Flammen aus dem Schornstein schlugen und kam zwei Stunden lang nicht mehr zum Vorschein.

Hier in Kierikki nun traf er tatsächlich mehrfach nicht nur das

Ziel, sondern seine Pfeile flogen richtig gut. Was zur Folge hatte, dass er kaum vom Bogenschießen wegzukriegen war und Päivi und mich zu einer mehrstündigen Videodokumentation seiner »überragenden« Kunstfertigkeit überreden wollte. Was wir jedoch dankend ablehnten.

Auf unserer Reise blieben wir über Nacht in Ii und brachen am folgenden Morgen auf Richtung Norden, nach Genuss von »kaurapuuro« (»Haferbrei«, »kaura« = »Hafer«, »puuro« = »Brei«), »ruisleipä« (»Roggenbrot«, »ruis« = »Roggen«, »leipä« = »Brot«), Gurken, Schinken, Käse, Eiern und, und ... sowie selbstverständlich literweise Kaffee (die Finnen sind Weltmeister im Pro-Kopf-Verbrauch). Unser Ziel: Ranua, eine Stadt etwa hundert Kilometer nördlich von Oulu und siebzig Kilometer südöstlich von Rovaniemi. Hier findet ihr den sog. »Ranuan eläinpuisto« (»Tierpark von Ranua«, »eläin«= »Tier«, »puisto«= »Park«). Dieser »Zoo« beherbergt an die fünfzig verschiedene Tierarten, die als »arktische bzw. nordische Spezies« eingeordnet werden. Dazu gehören Lemminge, Rentiere, Elche, Fischotter, Biber, Luchse, Auerhähne, Wiesel, aber auch Hausmäuse, Eichhörnchen, Silberfuchs und Rotfuchs und zahlreiche andere mehr. Die Gehege sind naturnah gestaltet. Die Besucher werden über Holzbohlenpfade durchs Gelände geführt, die Tiere kann man von dort aus recht gut beobachten – sofern sie sich nicht zwischen den Bäumen und Büschen verstecken. Wir hatten das Glück, einen Luchs zu entdecken, weil wir recht früh eintrafen und sofort das Freigelände aufsuchten.

Eine weitere Attraktion findet sich in der Gemeinde: das »Japanitalo« (»Japanhaus«, »Japani« = »Japan«, »talo«= »Haus«)

im Olangontie 20 am Simojärvi (»Simo-See«, »järvi« = »See«). Ranua unterhält nämlich eine Partnerschaft mit der japanischen Ortschaft Iwasakimura. Das ungewöhnliche Gebäude ist im japanischen Stil errichtet und wird von den Initiatoren als »Haus der Freundschaft und der Kunst« geführt. Hier bietet sich für Künstler aller Couleur eine Möglichkeit zu arbeiten, die eigenen Werke und das eigene Können zu präsentieren, Workshops zu veranstalten und vieles mehr. Päivi und ich nahmen an einer Einführung in die japanische Tee-Zeremonie teil (auch derlei Dinge bietet das Japanhaus). Dabei war Päivi und mir von vornherein klar, dass dieses stimmungsvolle, auf uralten Traditionen fußende Ritual wieder Mal Mattis Widerspruch herausfordern würde.

Und so war es denn auch: Er werde uns die traditionelle finnische Tee-Kunst zu Hause vorführen, war sein Kommentar. Päivi habe einen ganzen Kasten voller unterschiedlicher Teebeutel im Küchenschrank. Manchmal, muss ich euch gestehen, ist Matti ein richtiger Banause – Päivi gibt mir da wirklich recht. Dabei erstaunte der Bursche mich damit, dass er sogar wusste, dass die Teezeremonie etwas mit Meditation und Zen zu tun hat. Nur ließ ihn das offensichtlich kalt, er weigerte sich standhaft, uns zu begleiten. Päivi meinte daraufhin mir gegenüber, alles, was Sensibilität erfordere, sei nicht unbedingt Mattis Ding. Ha, wem erzählte sie da was Neues, frage ich euch!

Soweit, so gut. Ranua hat aber nicht nur einen außergewöhnlichen Zoo und ein exotisches Japanhaus, sondern bedauerlicherweise noch etwas anderes Wertvolles.

Bedauerlicherweise? Bedauerlicherweise. Denn: In Ranua gibt es Uran. Und das weckt Begierden, und zwar nicht bei Leuten, die an erster Stelle am Erhalt eines intakten Lebensraumes für Mensch und Tier interessiert sind, sondern am Abbau dieses Stoffes. So möchte im Gebiet von Ranua der französische Konzern Areva Uranerz im Tagebau gewinnen. Im Tagebau! Und nicht nur dort. Auch in mehreren anderen Orten Lapplands plant das Unternehmen Probebohrungen und ggf. großflächigen Abbau. Den betreffenden Gemeinden werden neue Arbeitsplätze und wirtschaftlicher Aufschwung versprochen – und dieses Argument ist ja auch nicht zu widerlegen. Kein Wunder also, wenn Orte wie Ranua primär diese Vorteile sehen. Denn sie hoffen so, das seit Jahren anhaltende, kontinuierliche Absinken ihrer Einwohnerzahlen stoppen zu können. Da wird man schnell auf einem oder auch beiden Augen blind gegenüber den massiven Folgeschäden derartiger Eingriffe in die intakte Natur mit ihren empfindlichen Kreisläufen …

Soweit ich die Entwicklung verfolgen konnte, ist in Bezug auf dieses Vorhaben in Ranua noch kein endgültiger Beschluss gefasst worden. Päivi, Matti und ich waren, das könnt ihr mir glauben, liebe Leserinnen und Leser, jedenfalls einigermaßen schockiert bei der Vorstellung, dass aus Wirtschaftsinteressen in diese unberührte, einmalige Natur derartige Wunden geschlagen werden sollen. Selbst Matti, der alte Witzbold, fand das nun gar nicht mehr lustig.

Doch diese wenigen Zeilen mögen genug zu diesem Thema sein, um zum Nachdenken anzuregen. Schließlich soll »Mehr Finnen? Mehr Finnen!« unterhalten und nicht nur politische Einstellungen transportieren. Andererseits war es mir wichtig, wenigstens einige Worte über die Problematik »Kernenergie, ihre Risiken und Folgen für Finnland« zu verlieren.

Kehren wir also Ranua und seinen strahlenden Bodenschätzen den Rücken und nehmen unseren Heimweg über Pudasjärvi nach Kiiminki am gleichnamigen Fluss, dem Kiiminkijoki. Kiiminki ist wieder einmal eine der hübschen kleinen Gemeinden, wie man sie in Suomi so häufig findet: wenig Menschen, die hier wohnen (hier sind es 13.000, die sich aber auf verschiedene Ortsteile verteilen), gleichzeitig jedoch ein für unsere deutschen Vorstellungen riesiges Gemeindegebiet (über 340 km²; zum Vergleich: In Bremen mit Bremerhaven leben auf 404 km² 680.000 Einwohner). Das Zentrum der Ortschaft wird vom Kiiminkijoki durchflossen. Der bietet auch gleich die Hauptsehenswürdigkeit der Gegend und lockt alljährlich viele tausend Kanusportler an: Seine Wasser sprudeln, strudeln und springen nämlich mit unbändiger und ungebändigter Lust über die Felsen und Steine des Koitelinkoski (»Koiteli-Stromschnelle«). Das Besondere ist, sie tun das auf einer Länge von fast drei Kilometern. Eine wahrhaft reizvolle und verlockende Strecke für passionierte Wildwasserfahrerinnen und -fahrer. Und auch ein spannendes, deutlich weniger nasses Vergnügen für die zuschauenden Wanderer auf den Brücken und an den Ufern.

Den Koitelinkoski findet man, wenn man auf der Straße von Kiiminki Richtung Ylikiiminki fährt, hinter dem Ortsteil Ylikylä. Diese Stromschnelle ist wirklich sehenswert, ebenso wie der gesamte Fluss, der als einer der letzten in Europa noch völlig ungezähmt und ohne jeden künstlichen Eingriff die herrliche Landschaft prägt.

Matti erzählte bei unserer Fahrt den Kiiminkijoki entlang, dass er als junger Mann in den Stromschnellen paddelte und dabei erlebte, dass ihm ein Lachs ins Boot hüpfte. Sowohl Päivi als auch ich sahen ihn bei dieser Behauptung zweifelnd an. Aber der Bursche schwor Stein und Bein, das sei kein Angler-Latein, sondern die pure Wahrheit. Wenn dem nicht so wäre, wolle er heute noch ins Wasser des Kiiminkijoki fallen.

Und, liebe Leserinnen und Leser: Es war kaum eine Stunde später, wir hatten angehalten, um das zauberhafte Spiel des Wassers von einigen Felsen aus zu betrachten. Päivi und ich, wir waren etwas hinter Matti zurückgeblieben (das meine ich jetzt nicht im Hinblick auf unsere geistigen Fähigkeiten!), da hörten wir einen Schrei, gefolgt von überdeutlichem finnischem Fluchen. Selbst über das Rauschen des Wassers hinweg! Und dann sahen wir einen triefnassen Matti die Felsen empor klimmen. Unverletzt, aber nass von oben bis unten. Ach, wie tat uns unser lachsfangender Kanute leid... Da hatte er doch tatsächlich in seinem Übermut versucht, von einem Stein im Wasser auf einen anderen zu springen. Leider gelang das nicht so wie gewünscht. Gut, dass er sich keine ernsthaften Blessuren zugezogen hatte. Die kühle Nässe konnte seinem hitzigen Gemüt nur gut tun.

Gutherzig, wie wir nun mal sind, Päivi und ich, holten wir neue Kleider aus Mattis Koffer und überreichten ihm sogar ein Handtuch. Aus irgendeinem Grund fanden wir beide zu unserem Bedauern allerdings nicht seinen von ihm gewünschten Jogging-Anzug. So musste er leider, leider, leider mit dem rosafarbenen von Päivi vorlieb nehmen, der bei ihm auch noch etwas um die Hüften spannte ... Das war, vermute ich, die härtere Strafe für ihn, deutlich härter als der eigentliche »Reinfall« ...

Der restliche Weg nach Hause verlief ohne erwähnenswerte Zwischenfälle. Allerdings schwor uns Matti bittere Rache und war in seinem bonbonfarbenen Outfit nicht dazu zu bewegen, unser Auto bei den erforderlichen Zwischenstopps zu verlassen. Wir mussten ihm Getränke und Futterage ans Fahrzeug bringen, und er war heilfroh, dass wir tief in der Nacht, zur Zeit der größten Dämmerung zu Hause ankamen. So hurtig wie bei dieser Gelegenheit habe ich ihn nie wieder aus dem Auto ins Haus huschen sehen ...

Das Wichtigste in Kürze

1. einige Vokabeln

joki	Fluss
yli	über
Iihin	nach Ii
kukkokiekuu	Hahnenschrei
kukko	Hahn
kiekua	krähen
keskus	Zentrum
kaurapuuro	Haferbrei
kaura	Hafer
puuro	Brei
ruisleipä	Roggenbrot
ruis	Roggen
leipä	Brot

eläinpuisto	Zoo, Tierpark
eläin	Tier
puisto	Park
Japani	Japan
talo	Haus
järvi	See (der See)
hapankorppu	Knäckebrot aus Sauerteig
kerma	Sahne
piimä	Sauermilch
aamiainen	Frühstück

2. und einige (manchmal nicht ganz ernst gemeinte) Tipps

Das finnische Frühstück ist reichhaltig und deftig, liebe Leserinnen und Leser. Das gilt natürlich besonders für Hotels und Restaurants, wo aamiainen (»Frühstück«) fast ausnahmslos als Buffet angeboten wird. Aber auch, wenn ihr privat bei Freunden oder Verwandten zu Gast seid, könnt ihr damit rechnen, dass sich der Tisch in der Regel unter den angebotenen Leckereien biegt. Allerdings: Die Finnen kennen nicht unbedingt unsere Brötchen und Marmeladen- oder Schoko-Aufstriche. Dafür werdet ihr ausnahmslos den auch im vorliegenden Kapitel erwähnten »kaurapuuro« finden, auch im 5-Sterne-Hotel. Der mag zwar nicht jeder oder jedem munden, aber er gehört nun mal dazu! Und gar üblich sind Fische – mit Senfsauce, mit Dillsauce, mit Tomatensauce oder ganz einfach nur gesalzen und filetiert. Dunkles Brot wird ebenso auf dem Tisch stehen wie hapankorppu (»Knäckebrot«). Getrunken wird üblicherweise Kaffee: schwarz, stark, reichlich. Oder gerne mit kerma (»Sahne«). Ebenfalls ein Standardgetränk: Milch: frisch, fett, lecker. Oder »piimä«(»Sauermilch«).

Ganz klar: Es gibt kein Standard-Schema fürs finnische Frühstück. Doch die aufgeführten Dinge sind wirklich sehr oft anzutreffen. Lasst euch auf dieses »exotische« Essen ein – es wird euch mit Sicherheit schmecken!

Wer gerne in Finnlands unzähligen Seen und Stromschnellen Kajak fahren möchte, sollte eine Grundausbildung in dieser Sportart hinter sich haben! Gleich als blutiger Laie einen koski wie beispielsweise den Koitelinkoski befahren zu wollen, ist sicherlich nicht anzuraten – auch wenn diese Stromschnellen von den Profis als nicht schwierig zu bewältigen eingestuft werden. Am besten ist es sowieso, derartige Unternehmungen unter fachkundiger Anleitung durch ortskundige »Guides« durchzuführen.

Paddelboote bzw. Kajaks in Finnland zu mieten, kann ein recht teurer Spaß werden – ebenso wie die Ausleihe von Fahrrädern. Am besten vorher erkundigen, wie der Preis ist, damit es keine unerwarteten Überraschungen gibt. Oder ggf. das eigene Boot auf dem Autodach mitbringen.

Die vielen Stromschnellen in den Flüssen Nordfinnlands sind besonders zur Zeit der Schneeschmelze unglaublich beeindruckend, weil die Wassermassen ein Vielfaches von denen im Sommer betragen. Wer zur entsprechenden Jahreszeit in Lappland ist, sollte sich dieses Schauspiel nicht entgehen lassen!

Urheilu ist immer noch Sport.
Oder etwa nicht?

Es ist so, meine Lieben: Das Kapitel »Urheilu ist Sport. Oder etwa nicht?« in »Finnen? Finnen!« hat einiges an Resonanz hervorgerufen. Da gab's welche, die meinten: »Genau so ist es!« Und andere fanden's einfach unerhört, wie ich über den finnischen Sport lästere. Auch mein bester finnischer Freund, Matti, von dem im vorliegenden Buch viel die Rede ist, beschwerte sich bei mir: »Du bist unversämt (unverschämt); wir Finnen eben nur haben viel S-paß bei S-port. Ihr in Deutsland (Deutschland) nur bezahlt viel Geld für das blöde Fußball!« Hier muss ich erneut einflechten (da ich den Protest einer finnischen Leserin im Ohr habe, die befand, ich sei respektlos, weil ich mich über die Aussprache von Mattis Deutsch lustig mache): Matti hat mir explizit befohlen, seine Ausdrucksweise wortwörtlich hier im Buch wiederzugeben!

Um ehrlich zu sein, ich konnte nicht viel an Gegenargumenten bringen, als Matti das so äußerte. Denn: »unverschämt«, na ja, das trifft wohl zu, im dem Sinne, dass ich »nicht verschämt« bin, wenn es um finnische Kuriositäten geht. Und, zugegeben, Spaß haben die Finnen ganz offensichtlich bei den Dingen, die sie unter dem Oberbegriff »Sport« subsumieren. Und letztlich: Viel Geld, »unverschämt« viel Geld, völlig absurde Summen gar, fließen im deutschen Fußballsport tatsächlich, das hatte Matti sehr richtig erkannt.

Alldem zum Trotz sticht mich doch der Hafer, auch in »Mehr Finnen? Mehr Finnen!« wenigstens ein ganz kurzes Kapitelchen zum Thema »urheilu« (falls irgendwer noch nicht von

selbst auf die Idee gekommen sein sollte: Das heißt auf
Deutsch »Sport«) zu verfassen. Denn, oh ja, der Erfindungs-
reichtum im hohen Norden in Bezug auf irgendwelche ungewöhnlichen sportlichen Betätigungen scheint schier unerschöpflich zu sein.

Sicher ist euch das sog. »Frauentragen« längst ein Begriff oder
der Wettbewerb im Handy-Werfen, ebenso das kumisaappaanheitto (»Gummistiefel-Weitwurf«, »kumisaapas« = »Gummistiefel«, »heitto« = »Werfen«). Nun, sollte man bei einer solchen
Gelegenheit mal eine der verwendeten Fußbekleidungen an
den Kopf bekommen, ist das bestimmt nicht besonders erfreulich. Größere Schäden sind allerdings dabei wohl nicht
unbedingt zu erwarten.

Hingegen könnte es doch etwas unangenehmer sein, wenn ein
derartiger Fehlwurf bei einem Wettbewerb passiert, in dem
man in Suomi ebenfalls zu Meisterschaftsehren gelangen
kann: dem »Melkschemel-Werfen« (Finnisch: »lypsyjakkaran-
heitto«, »lypsää« = »melken«, »jakkara« = »Schemel, Hocker«)
nämlich. In dieser wie auch immer entstandenen Sportart
werden wirklich und wahrhaftig alljährlich Wettkämpfe um
den Meistertitel durchgeführt. Leider habe ich einer derartigen Veranstaltung bisher noch nicht selbst beigewohnt, so
dass ich euch nichts Näheres darüber berichten kann. Irgendwie passt diese etwas eigenwillige Verwendung von Sitzgele-
genheiten allerdings ins finnische Kabinett kurioser Sportivi-
täten ...

Damit ihr eine einigermaßen zutreffende Vorstellung davon
bekommt, wie originell die in der Rubrik »ungewöhnliche

Sportarten in Finnland« versammelten Spektakel sind, sei hier nur in aller Kürze eine kleine Auswahl vorgestellt. Gepflegt werden diese »Sport-Disziplinen« unter anderem von der Suomen Perinneurheiluliitto (»Finnlands Traditionssportbund«, »perinne« = »Tradition«, »liitto« = »Bund«).

Da gibt es beispielsweise »Sankohiipiminen« (wörtlich übersetzt bedeutet das »Eimerschleichen«, »sanko« = »Eimer«, »hiipiä« = »schleichen«, »hiipiminen« = »Schleichen«). Die Teilnehmer müssen dabei zwei mit Wasser gefüllte Eimer möglichst rasch und ohne Inhaltsverlust über eine Strecke von 500 Metern tragen.

Sehr schön ist auch das »koukkupolvikävely« (wörtlich »Hakenknielaufen«, »koukku« = »Haken«, »polvi« = »Knie«, »kävely« = »Gehen«, »Laufen«). Ich denke, man kann sich vorstellen, in welcher Körperhaltung die Teilnehmerinnen und Teilnehmer sich fortbewegen ...

Bei diesen Sportarten werden mit viel Einsatz, Aufwand und Mühe entsprechende Wettbewerbe organisiert. Dabei lockt der jeweilige Wettstreit in der Regel zahlreiche Athletinnen und Athleten an, die zwar ihren Spaß bei der Sache haben, aber durchaus ernsthaft um Platzierungen und Titel kämpfen. Und das Medienecho ist den Veranstaltern und Gewinnern sicher! Durchaus auch überregional in Zeitungen, Funk und Fernsehen ...

Das Bedürfnis, irgendeinen Titel zu erlangen, findet sich ebenfalls im sog. »Internationalen Beerensammel-Wettbewerb« (»World Berry Picking Championship«) wieder. Das lockt offensichtlich jedoch nicht nur finnische Teilnehmerinnen und Teilnehmer ... Dieser Wettstreit wird alljährlich in Suomussalmi, etwa hundert Kilometer nordöstlich von Kajaani, organisiert. Die Teilnehmerin oder der Teilnehmer, die/der innerhalb einer Stunde die meisten Preiselbeeren sammelt, erhält einen Geldpreis.

Mit Matti, dem Filou, konnten Päivi und ich uns natürlich nicht halbwegs vernünftig über diesen Beerensammel-Wettbewerb unterhalten. Wie bei ihm üblich, entwickelte er sofort eine seiner Meinung nach unschlagbare Strategie, wie er den ersten Preis abkassieren könne, falls wir teilnehmen würden: Wir sollten kurz vorher entsprechende Beerenmengen kaufen. Meine Aufgabe sei es dann, irgendwo im Wald hinter irgendwelchen Büschen mit dieser »Sore« auf ihn zu warten, während Päivi Wache schieben solle, damit wir nicht entdeckt würden. Er werde sodann die Beeren holen, abrechnen und den Preis sowie den Titel kassieren. So könne gar nichts schiefgehen, und wir könnten uns mit dem Preisgeld einen bequemen Lebensabend gestalten.

Päivi meinte dazu, das sei wieder mal typisch. Matti hätte in seinem ganzen Leben noch nicht eine einzige Preisel- oder Blaubeere gepflückt. Beeren kenne er ausschließlich in Form von pulla mit Blaubeeren. Das allerdings könne er bergeweise verspeisen. – Matti bekam vor Empörung dicke Backen und wehrte sich vehement. Aufgebracht, weil Päivi ihm so Unrecht getan habe, erzählte er, wie er als Kind Eimer voll mit allen möglichen Beeren gesammelt habe. Eimer, voll mit Beeren, jawohl! Eimer! Voll bis zum Rand! Er sei der Sammel-König vom Dorf gewesen, keine Beere sei ihm entkommen.

Kurz und gut, er war zutiefst gekränkt und lehnte es rundweg ab, sich mit uns am Beerensammel-Wettbewerb in Suomussalmi zu beteiligen. Dabei interessierte ihn auch nicht die Bohne, dass wir das ja gar nicht wollten. Er würde uns jedenfalls nicht dorthin begleiten, da könnten wir bitten und betteln, soviel wir wollten. Und außerdem sei es ihm völlig egal, dass wir nicht teilnehmen wollten; er jedenfalls bleibe hier. Sprach's und biss kräftig in eines der erwähnten Blaubeerteilchen. Genau die nämlich hatte Päivi frisch gebacken und zum Kaffee kredenzt. Und nur aus diesem Grund war das Thema »Beerensammel-Wettbewerb« überhaupt aufs Tapet gekommen ...

Kehren wir zurück zum Thema »Sport in Finnland«. Da sind selbstverständlich nicht nur Eigentümlichkeiten zu erwähnen. Die Finnen haben auch ganz wunderbare, reizvolle sportliche Veranstaltungen. Und eine Sache, die finde ich wirklich toll und spannend: ein kirkkovenesoutu (»Kirchenbootrudern« oder auch »Kirchenbootregatta«, »kirkko« = »Kirche«, »vene« = »Boot«, »soutu« = »Rudern«). Kirchenboote haben eine lange Tradition in Finnland, die Menschen fuhren damit in früheren Zeiten gemeinsam ins kirkonkylä (»Kirchdorf«) zum sonntäglichen Gottesdienst. Entsprechend groß waren bzw. sind die Kirchenboote, oft deutlich über zehn oder gar zwölf Meter lang, sie werden nach wie vor aus Holz gebaut. Besetzt sind sie meist mit vierzehn Ruderern plus Steuermann.

Bei der größten Regatta mit Kirchenbooten, der »Sulkavan Suursoudut«, finden sich alljährlich mehrere tausend Ruderer in Sulkava nahe Savonlinna zusammen. Wie ich von einem dortigen Bewohner erfuhr, waren es 2010 etwa 8.000, die ihre Kräfte und ihre Ausdauer auf verschieden langen Distanzen und in verschiedenen Bootsklassen maßen. Die längste Strecke umrundet die Insel Partalansaari (»saari« = »Insel«) und geht über sechzig Kilometer. Man stelle sich vor: Die gesamte Weglänge muss von allen Ruderern im gleichmäßigen Taktschlag zurückgelegt werden.

Und in zahlreichen weiteren Orten Finnlands finden im Sommer derartige Regatten statt. Es sind wirklich außergewöhnlich interessante Rennen, deren Reiz ebenso in den für uns Mitteleuropäer ausgefallenen Booten liegt, wie in der einmaligen Landschaft, in der sie veranstaltet werden. Beim Besuch eines derartigen Ereignisses kann man die Sportbegeisterung hautnah spüren und erleben, wie die als so kühl charakterisierten Finnen emotional »aufblühen« ...

Eine Kirchenbootregatta vor mehreren Jahrzehnten war übrigens eine der wenigen Situationen, in denen ich Matti einmal ernsthaft und engagiert erleben konnte. Er trat damals gemeinsam mit anderen Freunden zum Rennen an, das Boot wurde auf einem langen Trailer zum Austragungsort transportiert. Für die gesamte Mannschaft, einschließlich Matti, war es eine absolute Ehrensache, die Regatta zu gewinnen: Es galt, eine Scharte vom Vorjahresrennen auszuwetzen. Damals war in der Schlussphase plötzlich die Steuerpinne gebrochen, und das Boot war aus der Bahn geraten. Das Malheur war natürlich *das* Gesprächsthema bei Teilnehmern und Zuschauern und sorgte für erheblichen Lacherfolg ... Nun also galt es, die damalige Blamage wieder gutzumachen. So viel sei gesagt: Mattis Team war vor dem Start unglaublich gespannt und kribbelig, am Schluss aber saßen alle schnaufend und nach Atem ringend im Boot: Sie hatten gewonnen!

Will ich heutigentags Matti aufheitern, muss ich lediglich dieses siegreich verlaufene Ereignis antippen, und sogleich geht die Sonne auf. Und, liebe Leserinnen und Leser, ich kann sehr gut nachempfinden, wie es ihm und seinen Mitstreitern damals ging.

Abschließend sei noch erwähnt, dass Matti und ich, in der Sauna sitzend, mehrere Konzepte für neue finnische »Volkssportdisziplinen« entwickelt haben. Eines davon war nach Mattis Einschätzung unser Glanzstück: »pitkitetty unitilakilpailu« (»Dauerschlaf-Wettbewerb«, »pitkitetty unitila« = »Dauerschlaf«, »kilpailu« = »Wettbewerb«). Ich bin überzeugt, das Projekt hätte in Finnland gute Aussichten, in die Realität umgesetzt zu werden. Uns fehlen lediglich die zahlungskräftigen Sponsoren. Auf jeden Fall hätten sowohl Matti als auch ich beste Chancen, den Spitzenplatz zu erreichen.

Das Wichtigste in Kürze

1. einige Vokabeln

urheilu	Sport
kumisaappaanheitto	Gummistiefelweitwurf
kumisaapas	Gummistiefel
heitto	Werfen
lypsyjakkara	Melkschemel
lypsää	melken
jakkara	Schemel, Hocker
Perinneurheiluliitto	Traditionssportbund
perinne	Tradition

liitto	Bund
sanko	Eimer
hiipiä	schleichen
hiipiminen	Schleichen
koukku	Haken
polvi	Knie
kävely	Gehen, Laufen
kirkkovenesoutu	Kirchenbootrudern oder -regatta
kirkko	Kirche
vene	Boot
soutu	Rudern
kirkonkylä	Kirchdorf
saari	Insel
pitkitetty unitila	Dauerschlaf
kilpailu	Wettbewerb
kuningas	König
löyly	Aufguss in der Sauna

2. und einige (manchmal nicht ganz ernst gemeinte) Tipps

Als wir, wie im obigen Kapitel erwähnt, in der Sauna saßen, hatte Matti den Einfall, einen weiteren Wettbewerb in Finnland zu etablieren: den »kilpailunkilpailu« (»Wettbewerbswettbewerb«). Dabei sollte derjenige »kilpailukuningas« (»Wettbewerbskönig«, »kuningas« = »König«) werden, der den witzigsten und extravagantesten neuen Wettstreit entwickelt. Es scheint so zu sein, dass sich bei Matti besonders in der Sauna innovative Fähigkeiten entfalten; wenigstens habe ich bei derartigen Gelegenheiten mehrfach erlebt, dass seine ohnehin lebhafte Fantasie ab etwa neunzig Grad Wärme anfing, »Funken zu sprühen«. Bei über hundert Grad war der Intellekt meines finnischen Freundes kaum noch zu bremsen und bedurfte dringend der Abkühlung. Auch bei seinem Vorhaben »kilpai-lunkilpailu« konnte ich beobachten, dass mit jedem »löyly« (»Aufguss«), bildhaft gesprochen, regelrechte »Gedankenkaskaden« seinem Gehirn entsprangen ...

Aus dem Gesagten ergibt sich:

Werden innovative Entwicklungsvorschläge benötigt, sollte man die anregende Wirkung der Sauna nutzen. Mindestens gilt das für Finnland. Das trifft sowohl für den privaten Bereich, als auch für Firmen, Behörden, kirchliche Institutionen, Universitäten und ähnliche Einrichtungen zu. »Brain storming« bei einer Raumtemperatur von hundert Grad und darüber könnte – zumindest in Finnland – möglicherweise völlig neue Bewusstseins- und Denkebenen erschließen ... Vielleicht sind sogar die regelmäßigen Saunabesuche der Finnen der Grund für die überraschende Fülle an skurrilen Sport- und anderen Wettbewerben, für die Suomi auch international bekannt ist.

Einmal im Jahr: das große Waschen

Die Finnen – ein Volk von Teppichhändlern? Kollektiver, landesweiter Waschzwang? Happening am Seegestade?

Weder noch, liebe Leserschaft. Und es handelt sich auch definitiv nicht um einen Wettbewerb, etwa in der Art: »Unser Strand soll schöner werden«. Wäre doch in Finnland durchaus vorstellbar, wenn man die im Kapitel »Urheilu ist immer noch Sport. Oder etwa nicht?« vorgestellten ungewöhnlichen Aktivitäten der nordischen Eingeborenen noch mal Revue passieren lässt …

Nö, ihr allerliebsten aller lieben Leserinnen und Leser, bei den am frischen Sommermorgen und den ganzen Tag über zu beobachtenden Aktivitäten unzähliger Finninnen (und deutlich weniger Finnen) geht es um ein allen Einheimischen heiliges Sujet: Sauberkeit. Sauberkeit in jeder Form, möglichst gesteigert zur perfekten Reinheit jeglicher Person, jeglichen Lebewesens, jeglichen Gegenstandes.

Das führt eben nicht nur zum plastikverpackten Brot oder zum Verbot für Bauern, die Eier ihrer Hühner auf dem Wochenmarkt zu verkaufen. Oder zum stets glänzenden Auto (trotz Sandstraßen-Staubwolken) und zu makellos geputzten Treppen in allen Mehrfamilienhäusern. Nein, es löst auch diese Teppichwasch-Orgien an Seeufern und auf Stegen aus, an denen sich ausnahmslos, wirklich ausnahmslos, sämtliche finnischen Teppiche und deren Besitzerinnen und Besitzer zu beteiligen haben.

»Matonpesu« (»Teppichwaschen«, »matto« = »Teppich«, »pesu« = »Waschen«) wird dieses exzessive, zügellose Waschgelage beschönigend genannt. Und selbst Matti, der ausgewiesene Pfiffikus, schafft es nicht, ums »matonpesu« herumzukommen. Denn seine holde Angetraute Päivi kennt ihren Pappenheimer in- und auswendig. Da hilft es ihm auch nichts, dass er, wie ich es erlebt habe, ein ganzes Bündel von Maßnahmen trifft, um von der Mitwirkung freigestellt zu werden.

Ich sehe, ihr wisst nicht, wovon ich rede. Oder, es ist euch zwar klar, aber ihr möchtet mehr darüber erfahren. Wohlan.

Der Sommermorgen war ungewöhnlich freundlich. Die Sonne schaute lächelnd vom klaren, blauen Himmel, die Vöglein zwitscherten munter in den Bäumen. Im Wasser des nahen Sees spiegelten sich einige weiße Wölkchen. Kurz: fantastisches Wetter. So richtig zum friedvollen Genießen.

Doch: Da rumpelte was in Päivis und Mattis Wohnung. Waren die etwa schon auf? Ich zog die Decke über den Kopf, in der leisen Hoffnung, dass da nur jemand im Bad war. Aber ich wusste schon: Es ist vergeblicher Optimismus. Das Leben ist eben manches Mal hart. Das findet auch Matti, besonders, wenn Päivi am Vortag beschlossen hat: »Morgen werden Teppiche gewaschen! Eeva kommt auch. Und Helmi und Katriina. Wahrscheinlich auch Inkeri und Emma. Sowieso Mervi und Orvokki.«

Das Gerumpel wurde lauter. Sehr viel lauter sogar! Im Wohnzimmer wurden Möbel gerückt. Ich hörte Poltern, Klirren und Klappern und plötzlich einen Donnerschlag, sprang aus dem Bett, in der Annahme, Päivi oder Matti seien vom Balkon gefallen oder auf der Treppe ausgerutscht. Doch nein, beim Blick ins Wohnzimmer entdeckte ich lediglich aufeinandergestapelte Sessel, das Sofa lehnte hochkant an der Wand, der Couchtisch trohnte oben auf dem Sesselberg, und Matti stand auf dem Balkon und schob gerade den Flurläufer über das Geländer. Daher das Getöse: Das war der Wohnzimmerteppich gewesen, sechs auf fünf Meter, den er vom ersten Stock nach unten geworfen hatte, zwecks Arbeitserleichterung. Als Matti mich sah, im Nachtkostüm, verzog sich sein Gesicht zu leidvoller Miene. »He, was du släfst (schläfst) noch mitten von Tag? Tule auttamaan (wörtlich: »Komm zum Helfen«, »tulla« = »kommen«, »auttaa« = »helfen«, »auttamaan« = »zum Helfen«), hier ist viel Arbeit für starken deutsen Mann.«

Päivi feixte nur und ließ sich nicht bei ihrer momentanen Betätigung stören. Die bestand darin, in der Küche die dort ausgebreiteten (und meiner unmaßgeblichen Meinung nach reinlichen, völlig fleckenlosen) Flickerlteppiche aufzurollen. Höflich und hilfsbereit, wie ich nun mal bin, überlegte ich kurz, ob ich wieder ins Gästezimmer und ins Bett verschwinden solle. Schließlich war ich müde. Aber bei dem Getöse, das die beiden veranstalteten, war die Chance, noch mal einzuschlafen, äußerst gering. Zudem zeigte die Uhr ja schon sechs am Morgen ... Mich durchfuhr ein gelinder Schrecken: sechs Uhr morgens! Nachtschlafende Zeit! Was würden die anderen Bewohner des Hauses zu diesem Krawall sagen? Und da hörte ich aus der Nachbarwohnung schon einen Aufruhr: Bestimmt riefen die jetzt die Polizei, wegen nächtlicher Ruhestörung. Mindestens! Wenn nicht gar wegen Hausfriedensbruchs!

Aber wieso blieben Päivi und Matti so gelassen? Ich meine, in Bezug auf die offensichtlichen Beschwerden aus der Wohnung nebenan?! Ich blickte vorsichtig aus dem Fenster: Da stand doch tatsächlich Jukka, der Nachbar, und wuchtete soeben einen riesenhaften Teppich über die Balkonbalustrade. Mit »zartem Gesäusel« polterte das Ding nach unten.

Und auch über uns begann jetzt ein unüberhörbares Rumoren, Stühle wurden gerückt, irgendetwas machte laut und deutlich: »ratsch!« Und nochmal: »ratsch!« Wie sich später herausstellte, hatte Jonna, die altersmäßig schon etwas angestaubte Ehefrau im nächsten Stockwerk in blindem Übereifer nicht nur den Flickerlteppich im Schlafzimmer zusammengepackt. In wilder Putzwut entflammt, hatte sie damit begonnen, den Teppichboden rauszureißen, um ihn zwecks Waschmaßnahme mit an den Strand zu transportieren.

Nun gut, ich denke, liebe Leserinnen und Leser, ihr habt einen ungefähren Eindruck von den Vorgängen an diesem Morgen. Bemerkenswert war für mich bei alledem, dass Matti sich beteiligte, obgleich er mir im Vorfeld ausdrücklich verkündet hatte, in diesem Jahr keinesfalls an dieser Aktion teilzunehmen.

Und was hatte er nicht alles in die Wege geleitet: Sein erster Versuch führte ihn ins örtliche terveyskeskus (»Gesundheitszentrum«, »terveys« = »Gesundheit«, »keskus« = »Zentrum«), wo er angab, sich beim Bau des neuen huussi (umgangssprachlich für »Plumpsklo«) im Sommerhaus auf den linken Daumennagel geschlagen zu haben (was sogar stimmte! Allerdings war das schon etwa sechs Monate her ...). Er brauche jetzt unbedingt einen Gips zwecks Ruhigstellung. Sein Pech war, dass die Dienst habende Ärztin ihn kannte und sofort meinte: »Aha! Deine Frau will bestimmt Teppiche waschen. Dann hilf ihr mal, das ist die beste Behandlung bei Daumenquetschungen.«

Als Nächstes trudelte per Post einige Tage vor dem Waschvorhaben eine Einladungskarte ein, an Matti adressiert. Der Bauernverein vom Nachbarort habe seine nächste Jahreshauptversammlung, und Matti solle für seine Verdienste als Rinderzüchter geehrt werden. Sein Erscheinen dort sei daher unbedingt erforderlich. »Zufälligerweise« war dieses Treffen genau für den geplanten Waschtag anberaumt. Strategisch nicht so günstig für Matti: Er versteht bekanntermaßen absolut Null und Nichts von der Rinderzucht. Und die Unterschrift auf der Karte, fand Päivi, sah verdächtig nach seinem eigenen Gekrakel aus. Sie verlangte daher, die von ihm gezüchteten Rinder zu sehen. Nach seiner Eröffnung, das ginge zurzeit nicht, da die alle auf Ausstellungen in Russland seien, untersagte sie kurz und bündig seine Abreise zu erwähnter Versammlung.

Dritte Maßnahme und Mattis letzte Hoffnung: Die Autoschlüssel, und mit ihnen auch die zur Wohnung, zum Keller und zum Sommerhaus, waren am Morgen des Teppichwaschprojektes nicht auffindbar. Ich selbst bekam das ja nicht direkt mit, da ich noch im Bett lag und erst durch das geschäftige Treiben im Wohnzimmer geweckt wurde. Aber Päivi berichtete mir hohnlächelnd davon. Matti erschien mit bekümmerter Miene in der Küche, gramgebeugt: Die Schlüssel seien verschwunden. Nicht aufzuspüren. Er habe an allen möglichen und unmöglichen Örten gesucht, sogar in seinen Gummistiefeln. Wohin Päivi sie wohl verlegt haben könne ...? Sein

Gesicht, sagte Päivi, sei jedoch immer länger und länger geworden, als sie aus der Küchenschublade einen Ersatzschlüsselbund hervorkramte.

Als Folge dieser frustranen Bemühungen gab Matti also auf und übernahm einigermaßen missgelaunt seinen Part bei der vorgesehenen Reinigungsaktion. Mich bezog er nach meinem Aufstehen freundschaftlich mit ein ... Das bedeutete, ich durfte die Berge von Teppichen ins Auto laden, er selbst hievte einige Flaschen mit »mäntysuopa« (»Schmierseife«, teilweise auch mit »Kernseife« übersetzt) hinein, während Päivi in mehreren Plastikeimern ungezählte Scheuerbürsten herbeischaffte. Anschließend ging's schwerbeladen los Richtung Sommerhaus. Das Fahrzeug hing mit dem Heck knapp überm Boden, während die Motorhaube den Weg Richtung Himmel wies ... Habt ihr ein Bild davon vor Augen?

Unterwegs gesellten sich unablässig mehr und mehr Fahrzeuge zu uns, und auch vor uns schleppte sich ein langer Konvoi von völlig überladenen Vehikeln über die Straße, teilweise vor Anstrengung schnaufend und mit kochenden Kühlern: Teppichtransporte mit Ziel Sommerhaus oder kommunale Teppichwaschanlage am See. Denn die Gemeinde, die sich des Umstands erfreuen kann, dass Päivi und Matti dort wohnen, besitzt seit einiger Zeit eine beeindruckende, hochmoderne Einrichtung (das meine ich diesmal wirklich ernst!): eine Teppichwaschstation mit allem Drum und Dran.

Neben etwa zwei bis drei Meter langen Wannen aus Stahlblech, Schläuchen mit einer Art überdimensionalem Duschkopf und Trockengestellen zum Aufhängen der nassen

Teppiche gibt es dort sogar eine große elektrische Mangel. Das Schmutzwasser wird in einen Auffangbehälter geleitet und dann sachgemäß entsorgt. So gelangen keine umweltschädlichen Substanzen in den See. Wobei ich gelesen habe, dass nicht der Gebrauch von mäntysuopa das Problem darstellt, sondern eher Chemikalien, die in den für die Teppiche verwendeten Textilien zu deren »Schutz« enthalten sind. Ob die aus dem »freien« Teppichwaschen herrührenden Stoffe allerdings eine echte Belastung für die Gewässer darstellen, oder ob sie mit Blick auf industrielle Verunreinigungen, Treibstoffe aus privaten Motorjachten und -booten sowie aus gewerbsmäßiger Schifffahrt usw. mehr oder weniger zu vernachlässigen sind, entzieht sich meiner Beurteilung.

Päivi jedenfalls – und mit ihr gar manche »teppichwaschwütige« Finnin, die ich kenne – verachtet diese Waschanlagen und schwört nach wie vor auf das manuelle Einseifen, Bürsten und Auswaschen der zur Debatte stehenden Objekte am See. Dazu wirft sie sich (und gleichermaßen Matti) in passendes Outfit: Jogginghose, Gummistiefel, T-Shirt, knallbunte Gummihandschuhe, Gummischürze vom Gewicht einer Bleischürze, wie sie beim Röntgen aus Strahlenschutzgründen getragen wird, Schirmmützen für die freudig beteiligten Herren oder Stirnbänder für die blondgelockten Damen. Auch meine zarte Person kam bei der beschriebenen Gelegenheit in den Genuss dieser modischen Bekleidung. Die Gesichter und Arme werden im Verlauf der Reinigungsvorgänge auf Grund der damit verbundenen Anstrengungen krebsrot, neben Wasser läuft der Schweiß in Strömen.

Das hier geschilderte Erlebnis konnte Matti nur unter missmutiger Wortlosigkeit (endlich mal!) ertragen. Denn diesbezüglich entspricht er ja nun gar nicht dem Klischee vom typischen finnischen Schweiger. Wobei ich ihn freundschaftlich aufmunterte, indem ich ihm den Titel »Matto-Matti« (»Teppich-Matti«) verlieh, eingedenk seiner großspurigen Vorankündigung der Nicht-Teilnahme ... Päivi, ihrem Matti in ewiger Liebe zugetan, steigerte dies noch, indem sie mein »matto« = »Teppich« in »mato« = »Wurm« verwandelte. »Mato-Matti« (»Wurm-Matti«) verzog bei diesen Wortspielchen keine Miene, blickte nur nach wie vor düster vor sich hin und zog seine »lippa-lakki« (»Schirmmütze«) tiefer in die Stirn. Aber wir wussten, seiner Rache waren wir gewiss.

Am Sommerhaus warteten schon mehrere der eingangs kurz erwähnten Damen, jeweils mit wonnevoll strahlenden Begleitern – und pro Partei mit grob überschlagen ungefähr zwanzig Teppichen unterschiedlicher Größen. In einer gemeinsamen Aktion wurden nun die mitgebrachten Läufer, Matten etc. auf dem Steg gelagert. Der sank tiefer und tiefer und wurde endlich vom Wasser überspült, als aus dem kesämökki, dem Saunavorraum und diversen Nebengebäuden weitere dazu kamen. Und dann begann die Prozedur: Einweichen, bürsten, ausspülen, einweichen, bürsten, ausspülen, einweichen, bürsten, ausspülen, einweichen ... Mehr als einmal waren Päivi oder andere Event-Teilnehmerinnen und -teilnehmer in Gefahr, ins Wasser zu rutschen. Matti und ich, wir vermieden weise derartige Risiken, indem wir uns als sachkundige Beobachter mehr oder weniger auf der Saunaveranda aufhielten, wobei Matti den Damen immer mal wieder fachliche Ratschläge erteilte.

Den ganzen Tag über waren alle mit Waschen, Plappern, Schimpfen, Schrubben beschäftigt. Und auch auf den Stränden der benachbarten Sommerhausgrundstücke, soweit man das sehen und vor allem hören konnte, waren eifrige Teppichwäscherinnen zu Gange. Die Stimmung stieg mit jedem »erlegten« Bettvorleger deutlich an, auch bei den Männern. Selbst Mattis Miene hellte sich sukzessive auf, ja, sporadisch schlich sich gar ein Schmunzeln auf seine Lippen. Diese glückseligen Gesichtszüge konnte ich bei ihm besonders dann feststellen, wenn wieder mal eine der Damen in ihrem Wasch-Übereifer vom Steg zu kippen drohte. Nun, irgendwie gönnte ich ihm das stille Vergnügen, nachdem er zu dieser Fronarbeit verdonnert worden war. Immerhin, ich muss hinzufügen, dass es trotz des mit Inbrunst betriebenen Waschrituals nicht zu echten Ausrutschern kam, sehr zum Bedauern von Matti, wie er mir später gestand.

Gegen Spätnachmittag leuchteten auf den Felsen am Ufer, auf dem Steg und der Saunaveranda unvorstellbar viele Teppiche jeglicher Formate und in allen nur denkbaren Farben. Die Sauna wurde angeheizt, und die gesamte Mannschaft krönte den Tag mit endlosen Saunagängen – streng nach Geschlecht getrennt, wie in Suomi üblich. Spät in der Nacht – die meisten waren schon längst wieder daheim – verstauten Päivi, Matti und ich einen Teil der Teppiche zum Trocknen in dem noch warmen Raum. Der Rest blieb draußen liegen, damit am nächsten Tag die Sonnenstrahlen das Ihrige tun konnten.

Matti motzte uns dann der Form halber noch ein bisschen was vor, war aber durch etwas verbale Zuwendung und einige kräftige Schlucke Kossu (im »Hochfinnischen« als »Koskenkorva« bezeichnet: ein, oder eigentlich besser gesagt, *der* finnische Vodka) schnell aus seinem Tief geholt. Und konnte sich nicht oft genug darüber auslassen, wie graziös Inkeri mit ihren 92 Kilogramm beim Schrubben ihres Flickerlteppiches ausgesehen habe. Und gar Helmi, mit ihren Najawirwüsstenschon. Katriina allerdings – Matti schnalzte mit der Zunge – der wolle er nicht in die Quere kommen, die habe Oberarme wie Kalle, sein Boxerfreund, und Hände wie ein Schaufelbagger. Und so weiter und so fort ... Wie ihr euch sicher ausmalen könnt, meine Lieben, wurde es eine lange oder vielmehr kurze Nacht dort im kesämökki ...

Das Wichtigste in Kürze

1. einige Vokabeln

matonpesu	Teppichwaschen
matto	Teppich
pesu	Waschen
tule auttamaan	wörtlich: Komm zum Helfen, sinngemäß: komm helfen
tulla	kommen
tule!	komm! (Imperativ von tuloa)
auttaa	helfen
terveyskeskus	Gesundheitszentrum
terveys	Gesundheit
keskus	Zentrum
huussi	umgangssprachlich: Plumpsklo
mäntysuopa	Schmierseife, auch Kernseife
mato	Wurm
lippalakki	Schirmmütze

2. und einige (manchmal nicht ganz ernst gemeinte) Tipps

Teppichwaschen, mindestens einmal im Jahr, ist in Finnland ein uraltes Brauchtum. In den ländlichen Regionen mit ihren oft sehr kleinen Dörfern oder Weilern diente diese fast schon ritualisierte Veranstaltung nicht nur der eigentlichen Säuberung der Flickerlteppiche, sondern hatte gleichfalls gesellschaftliche Funktionen: Die Dorfgemeinschaft lebte unter anderem durch solche kollektiven Ereignisse. Meist hatten die Frauen die Teppiche sogar selbst gewebt, vielfach gemeinsam mit anderen Frauen aus dem Dorf. Wir in Deutschland kennen ja die Spinnstuben, die in früheren Zeiten wichtige Orte für den Austausch von Dorftratsch, aber auch für soziales Lernen waren.

In Suomi förderte sicher auch die regelmäßige, gemeinsame Benutzung der Dorfsauna durch alle Frauen und Mädchen einerseits sowie durch alle Männer und Jungen andererseits das Zusammengehörigkeitsgefühl.

Die in Finnland tatsächlich sehr verbreitete Sitte des öffentlichen Teppichwaschens hat in den Augen ausländischer Gäste irgendwie einen gewissen folkloristischen Charakter. Dennoch kommt diesem »Ritual«, das besonders von älteren Finninnen (aber nicht nur von diesen) mit ausgeprägtem Enthusiasmus und sogar einer gewissen Besessenheit zelebriert wird, zugleich ein bedeutender kommunikativer gesellschaftlicher Aspekt zu. Ganz abgesehen von der banalen Tatsache, dass die Läufer, Bettvorleger und sonstigen »Bodentextilien« trotz der üblichen Gewohnheit, beim Betreten der Wohnung die Schuhe auszuziehen, Schmutz sammeln und fleckig werden.

Beiläufig sei bemerkt: Diese Regel ist althergebracht. Beim Eintritt in ein Haus oder eine Wohnung werden die Schuhe an der Garderobe abgestellt, und man läuft in Strümpfen umher.

Unter Umständen sollte ein fremdländischer Gast damit rechnen, beim womöglich anstehenden, nach Meinung der Hausfrau unaufschiebbaren Waschen der Flickerlteppiche mit eingespannt zu werden. Zumindest beim Aufenthalt im Sommerhaus der finnischen Freunde. Zwar geschieht das mehr oder weniger aus Spaß, aber dessen ungeachtet: Nass ist die Angelegenheit dennoch, und schwer sind die mit Wasser vollgesogenen Dinger auch.

Nehmt eine so geartete »Einladung zur Mithilfe« als echten Beweis aufrichtiger Freundschaft. Sie zeigt, dass eure finnischen Freunde euch als belastbare, halbwegs ernst zu nehmende, robuste, Reinlichkeit liebende, treu ergebene Partner akzeptieren. Obwohl ihr keine Finnen seid!

Überdies können sie jede Hilfe bei ihrem Putz-Unternehmen gebrauchen ...

Lust auf Lusto: Finnen lieben Holzarbeit

Eine Fahrt vom Süden Suomis in den hohen Norden ist eine Reise in die Unendlichkeit ... unendliche Straßen, unendlich viele Seen, unendlich viel Wald mit – wie könnte es anders sein – unendlich vielen Bäumen. Und gar manche Reisegesellschaft aus deutschen und anderen südlich gelegenen Ländern, die als Ziel das sagen- und leider oftmals auch nebelumwobene Nordkap hatte, konnte diesen Schatz und seinen (zugegebenermaßen nicht sofort ersichtlichen) Abwechslungsreichtum gar nicht erfassen. Denn sie wurden einfach als »Massentouristen« in einen Bus verfrachtet und über tausende von Kilometern durch die Gegend gekarrt. Ohne adäquate Vorbereitung durch ihren Veranstalter. Ohne sich selbst durch das Lesen entsprechender Reiseführer etc. für die bisweilen unscheinbaren und doch so faszinierenden Reize Finnlands sensibilisiert zu haben. Anschließend stöhnten sie, die Fahrt sei fürchterlich eintönig gewesen.

Mehr als einmal habe ich solche Bemerkungen auf der Rückreise mit dem Schiff über die Ostsee aus dem Mund von Bustouristen gehört. Sie waren, »mit offenen Augen schlafend«, durch die wunderbaren finnischen Landschaften gefahren. Diese bedauernswerten Finnlandbesucher hatten sich nur gelangweilt.

Wie schade! Denn wer richtig schaut, der entdeckt bei der Fahrt selbstverständlich unglaublich viele Schönheiten! Und damit sind nicht nur die ansehnlichen finnischen Vertreterinnen des zarten Geschlechts gemeint. Nein, wer gelernt hat, genau hinzusehen und dabei ein Gefühl für seine Umgebung zu entwickeln, dem erschließt sich rasch die Vielgestaltigkeit der finnischen Landschaft und Natur.

Mit einem meiner liebsten Freunde, dem im Kapitel »Raus aus Helsinki, nach Lahti und Heinola« schon einmal kurz erwähnten Dresdner, bin ich einmal durch Mittelfinnland gereist. Dieser wirklich gute Freund hat eine so ausgeprägte Beobachtungsgabe, dass er sogar bei einer nur kurzen Fahrt feine Unterschiede in der Umgebung bemerkte, die jedem anderen meiner Bekannten bisher gleichförmig erschienen war! Ich staunte damals, was ihm alles auffiel: Dass die Landschaft deutlich hügeliger sei als etwa zehn Kilometer zuvor zum Beispiel. Oder, dass es größere Felder gab als in einem anderen, gar nicht weit entfernten Landstrich. Oder, dass die Felsen neben der Straße eine andere Farbe hatten. Und noch viele weitere Nuancen. Es war beeindruckend und zeigte mir einmal mehr, wie blind manche Menschen durchs Leben gehen, und wie sehend andere ...

Warum, werdet ihr, liebe Leserinnen und Leser, jetzt vermutlich fragen, erzähle ich das so ausführlich? Nun, eben weil ich der Überzeugung bin, dass Suomi es verdient, »verstanden« zu werden. Dazu aber gehört auch, dass man nicht nur desinteressiert durch die Lande kurvt, sondern auf das achtet, was die Menschen geprägt hat. Und dazu zählt die Umgebung, in der sie seit Generationen aufwachsen und leben: In Finnland war und ist das für lange Zeiten und für viele der hier lebenden Menschen der Wald und sind das die Seen.

Dieses Kapitel soll aber nicht in eine todernste Lehrstunde ausarten, in der nach Schulmeister-Art mit erhobenem Zeigefinger nur kluge Belehrungen erteilt werden. Daher möchte ich euch wieder mal einige der Erlebnisse und Abenteuer schildern, die ich mit meinem allseits verehrten und geliebten Matti hatte.

Mit meinem oben erwähnten sächs'schen Freund wollte ich nach Imatra, über Savonlinna und Punkaharju. Wir saßen in unserem Sommerhaus, Matti war ebenfalls da. Er verstand sich hervorragend mit meinem Dresdner Besucher. Zumal der leckeres sächsisches Schwarzbier mitgebracht hatte. Und wie ihr euch bestimmt vorstellen könnt, war es ein Hochgenuss, der Konversation meiner beiden Freunde zu lauschen: Matti mit seinem gepflegten finnischen Deutsch, der Sachse mit seinen nicht minder kultivierten Finnisch-Brocken ... Er verkündete, dass er mich auf einer Tour nach »Imadra« begleiten werde. Wir würden dabei auch Savonlinna und »Bungaharju«, vielleicht auch noch »Gärimäggi« (Kerimäki) (ich verstand anfangs nur irgendwas mit »Curry«) anschauen. Matti kapierte sofort und eröffnete uns, ohne ihn sei eine solche Besichtigungsfahrt keinesfalls möglich. Also wurde gemeinsam der Beschluss gefasst, einen Zweitagesausflug durch den beschriebenen Landstrich zu unternehmen.

Imatra ist im Südosten Finnlands gelegen und bekannt wegen des dortigen Wasserfalls (»Imatrankoski«). Ende der zwanziger Jahre des vergangenen Jahrhunderts bändigte man die imposanten, wilden Stromschnellen. Das Gefälle von fast 20 Metern Höhe auf mehreren hundert Metern Länge nutzte man zur Erzeugung von Strom. Heutzutage wird das durch die Ableitung der Wassermengen trockengefallene Felsenbett in den Sommermonaten täglich einmal geflutet. Das Tosen der Wassermassen ist dabei ein wirbelndes, brodelndes, schäumendes, einzigartiges Schauspiel, das zahllose Touristen anlockt.

Matti schlug vor, bei unserer Fahrt auch das bekannte finnische Waldmuseum Lusto in Punkaharju zu besuchen. Es sei »hyvin mielenkiintoinen« (»sehr interessant«, »hyvin« = »sehr«, »mielenkiintoinen« = »interessant«), schwärmte er uns vor. Ich hatte von dieser Einrichtung schon viel gehört, und auch mein Freund aus Dresden hatte Lust, sich dieses »Holz- und Waldzentrum« anzuschauen: Das also ist der Hintergrund für die Überschrift dieses Kapitel.

Unser Männerausflug begann damit, dass wir zwei Deutschen Matti an dessen Sommerhaus abholen sollten. Pünktlich um sieben Uhr am Abreisetag standen wir vor dem Haus. Besser gesagt, vor der Schranke über den Weg, der zu Päivis und Mattis und zwei, drei anderen kesämökkis führt. Die war nämlich zu. Die Sommerhausbesitzer hatten sie ein oder zwei Jahre zuvor gemeinschaftlich aufstellen lassen, weil es immer mal wieder zu Einbrüchen gekommen war oder auch Bootsmotoren verschwanden.

Schön. Da waren wir: Schranke abgeschlossen, kein Matti in Sicht. Nokia sei Dank gibt's in heutiger Zeit Handys. Also Anruf bei Päivi und Matti, nach langem Klingeln endlich ein verschlafenes: »Juu ...?« Und wenn ihr meint, meine lieben Leserinnen und Leser, da sei Matti am Apparat gewesen: klares »Nein«! Es war Päivi. Matti schlafe noch, er habe gestern und vorgestern und vorvorgestern Holz gesägt, gehackt und geschichtet. Sei schlagkaputt und völlig hinfällig. Aber sie käme sofort zum Aufschließen.

Das tat sie auch. Und berichtete uns bei der kurzen Fahrt zum Sommerhausgrundstück, dass Matti vor drei Tagen von ihr dringend verlangt hatte, ihr tontti (»Grundstück«) abzugehen, um festzulegen, welche Bäume er fällen, zersägen und hacken könne. Päivi hatte den begründeten Verdacht, unsere Unterhaltung über Lusto und die finnische Holzwirtschaft, das harte Leben der Holzfäller und Flößer in früheren Zeiten, habe in ihm das in allen finnischen Männern schlummernde Bedürfnis nach Wald- und Holzarbeiten geweckt. Als Folge der Grundstücksbesichtigung hatte ihr kraftstrotzender Matti in den letzten drei Tagen eine Unmenge von Bäumen umgesägt, entastet, zerkleinert, gehackt und aufgeschichtet. Mit Mühe habe sie ihn davon abhalten können, uns anzurufen, damit wir helfen kämen.

Als wir uns näherten, erblickten wir das Sommerhaus durch die deutlich gelichteten Baumbestände. Unübersehbare Mengen am Boden liegender Kiefern-, Erlen- und Birkenstämme zierten das Grundstück, Riesenberge von Ästen mit halb verwelkten Blättern stapelten sich dazwischen.

Und unsere Ankunft blieb nicht unbemerkt. Ihr glaubt, Matti stände reisefertig mit Köfferchen unter der Tür? Leider wieder: klares »Nein«! Aber von den fein säuberlich und geschmackvoll auf dem Grundstück verteilten Holzstapeln erhoben sich einige Möven und kurvten unter empörtem Protestgeschrei Richtung See.

Matti erschien kurz nach unserem Eintreffen aus dem Schlafzimmer, grüßte uns gnädig durch ein angedeutetes Heben der rechten Hand und ein gemurmeltes »terve!« (»Hallo!«)

und verschwand zum Waschen in Richtung Sauna. Päivi, in langen Ehejahren abgehärtet, stellte in Nullkommanix Kaffee auf den Tisch, und dann beratschlagten wir unter ziemlich eingeschränkter Beteiligung von Matti, wie wir verfahren sollten. Dessen Augenlider zeigten nämlich deutliche Neigung, sich unablässig wieder zu schließen.

Der Dresdner fand das Ganze sehr amüsant, lachte sich krumm über Mattis »Chinesengesicht« (eine Bemerkung, die Matti in diesem Moment intellektuell offenbar gar nicht erreichte) und schlug vor, statt heute loszufahren, »erscht mal das Holzgedönse zu beseit'schen!« Mir war das recht, wir hatten genug Zeit, und Übernachtungen waren noch nicht gebucht.

Wir tranken in Ruhe unseren Kaffee. Das hatte schlussendlich das Ergebnis, dass unser finnischer metsuri (»Holzfäller«) sachte aus seinem Morgentief erwachte, uns blinzelnd näher betrachtete und bemerkte: »No niin, ihr seid das.«

Matti führte uns anschließend zu seinem liiteri (»Schuppen«), in dem wir so ungefähr alles fanden, was zu einer zünftigen Holzarbeit erforderlich ist: Unter anderem fünf verschiedene Motorsägen, eine davon mit ähnlichen Ausmaßen, wie ich sie in Lieksa bei meinem Besuch im dortigen Museum gesehen hatte. Daneben gab es mehrere Äxte, Baum-, Ast-, Zweimann-, Bügel-, Fuchsschwanz- und sonstige Sägen, etwa 15 Spaltkeile und sog. Handsappies (zum Bewegen von Holzteilen), Rindenschälmesser und einen nagelneuen Sägebock. Selbst ein ebenfalls neuer Astschredder, in dessen Lack man sich spiegeln konnte, fand sich in einer Ecke.

Die Sammlung war umfangreich, und ich erkundigte mich vorsichtig, warum wir nach Besichtigung seines Sägearsenals überhaupt noch zum Lusto fahren sollten. Matti musterte mich mit überlegenem Blick und meinte: »Du weißt nix! Wird alles gebraucht! Außerdem is (ich) war gestern bei rauta-kauppa (»Eisenwarengeschäft«)!« Aha, damit war alles klar ...

Nun, wir verlustierten uns an diesem Tag auf dem Grundstück mit puutyö (»Holzarbeit«, »puu« = »Holz« oder »Baum«, »työ« = »Arbeit«). Wir sortierten, zerkleinerten, zwackten ab, schleppten, schredderten, beluden Schubkarren mit Bergen von Holzscheiten, bauten Stapel, lagerten ein, deckten mit Planen ab ... Päivi verköstigte uns, und obwohl wir über lange Zeit den Eindruck hatten, die Arbeit nähme kein Ende: Gegen Abend wirkte das Grundstück wie geleckt.

Jede oder jeder, der bei unserem Eintreffen das Chaos gesehen hätte, würde zweifellos jetzt sagen: Das ist doch gar nicht möglich! Mit drei Männeken! Und jeder Finne würde noch ergänzen: Zudem, wenn zwei davon hinfällige, dürre, gebrechliche, mickrige Nichtfinnen sind! Stimmt.

Die Erklärung: Im Verlauf des frühen Nachmittags trudelten sämtliche finnischen Männer von nah und fern ein. Wenigstens bekamen wir diesen Eindruck. Denn es hatte sich wie ein Lauffeuer in der Umgebung verbreitet: Matti hatte mit dem Kahlschlag seines Sommerhaus-Grundstücks begonnen. Endlich gab es mal wieder einen Anlass, mit »sisu« (siehe »Finnen? Finnen!«, Kapitel »Immer nur Arbeit: Schwimmen, Sauna, Rudern«) die finnischen Männer-Muskeln zu stählen. Denn merke: Suomis männliche Eingeborene lieben neben sportlichen Aktivitäten jeglicher Art vor allem das Arbeiten mit Holz. Ist ja auch verständlich, wenn man von frühester Kindheit an pausenlos mit Holz in Berührung kommt: Man wohnt (jedenfalls großenteils) in Holzhäusern, heizt oftmals mit Holz, ist von Wald umgeben, befeuert zumindest die traditionelle Sauna mit Holz ... und sieht neben Lastwagen und Schiffen, die Holz transportieren, auch noch in unseren Tagen immer wieder ausgedehnte Holzflöße auf den Seen.

Dazu kommt, dass finnische Väter ihre Söhne schon von klein auf mit Holzarbeiten vertraut machen – und finnische Mütter ihren Sprösslingen schon im Kinderwagen statt Schnullern Holzstöcke zum Lutschen und Beißen geben. Auf jeden Fall behauptete Matti das.

Der Saunabesuch am Abend dieses arbeitsreichen Tages wirkte wahre Wunder, wir fühlten uns erfrischt und munter und regelrecht »angetörnt« von dem, was wir geleistet hatten. Unser Elan war überwältigend, und voller Euphorie wurde der Beschluss gefasst, endgültig am kommenden Morgen nach Imatra aufzubrechen und unterwegs Lusto zu besuchen. Daher blieben wir über Nacht bei Päivi und Matti.

Der nächste Morgen war frisch, wir frühstückten in aller Eile, bewunderten sodann nochmals unser Werk und starteten pünktlich. Sogar Matti war für seine Verhältnisse erstaunlich munter und schwärmte ausgiebig davon, wie wenig Schnaken und Bremsen es jetzt auf seinem Sommerhaus-Grundstück geben werde, weil das ganze Unterholz entfernt sei. Womit er sicher nicht falsch lag; denn es ist ja eine alte Erfahrung, dass die Stechmücken besonders dichtes Laubwerk lieben.

Unseren Aufenthalt in Savonlinna muss ich, denke ich, nicht ausführlich schildern. Die Stadt mit der Burg Olavinlinna ist ohne Ausnahme in jedem Reiseführer beschrieben. Zudem waren wir dort schon oft, so dass unser Aufenthalt nur kurze Zeit dauerte.

Lusto hingegen hatten wir alle drei noch nicht besucht, und so waren wir sehr gespannt darauf, was uns dort erwartete. Die Einrichtung firmiert unter dem Begriff »Finnisches Forstmuseum und Wissenschaftszentrum für Waldkultur« und ist in Punkaharju zu finden. Die fesselnde Darstellung der Bedeutung des Waldes für die finnische Nation über Jahrhunderte umfasst nicht nur seine wirtschaftliche Nutzung. Auch die vielfältigen Einflüsse, die der Wald und das Holz auf die Kultur und das Alltagsleben der Menschen genommen haben, sind in diesem absolut empfehlenswerten »Museum« hervorragend dokumentiert. Mein lieber Dresdner Freund kam aus dem Staunen nicht mehr heraus, als er erfuhr, wie hart das Leben der Waldarbeiter in früheren Zeiten gewesen ist. Es gibt zu diesem Thema eine eigene Abteilung im Lusto. Für Matti, den passionierten Maschinen-Liebhaber, war insbesondere der Bereich mit der Ausstellung »kone-aika« (»Maschinenzeit«, »kone« = »Maschine«, »aika« = »Zeit«) so prickelnd, dass wir ihn kaum weg bekamen. Noch am Folgetag sprach er von nichts anderem, als dass er unbedingt seinen Maschinenpark im Sommerhaus ausbauen müsse.

Doch halt, das ist nicht ganz richtig: Es gab noch ein weiteres Thema, mit dem er uns die Ohren voll schwadronierte, ein Thema, das nichts mit Lusto zu tun hatte, obgleich es sich um »Holz« drehte. Oder besser, um eine etwas ungewöhnliche

Nutzung dieses Materials: Holz als Treibstoff für Automobile.

Der Zufall wollte es nämlich, dass Matti beim Frühstück in der Tageszeitung einen Artikel fand, der ihn völlig aus dem Häuschen brachte. Es ging da um eine Vereinigung, die sich »Suomen Ekoautoilijat ry« nennt, zu Deutsch »Ökoautofahrer von Finnland e.V.«, mit Sitz in Lehtimäki. Die Mitglieder treten dafür ein, die besonders in der Zeit vor und während des Zweiten Weltkrieges entwickelte Antriebstechnik von Fahrzeugen mittels Holzgas technisch auszubauen. Matti war hellauf begeistert, als er das las. Während der Weiterfahrt nach Imatra saß er mit Kugelschreiber und Papier auf der Rückbank und rechnete pausenlos aus, wie viele Kilometer er wohl mit seinem auf dem Sommerhausgrundstück geschlagenen Holz fahren könne. Meinem Dresdner Freund und mir war völlig schleierhaft, woher er die für diese Berechnung erforderlichen Daten nahm. Bis wir erfuhren, dass er sich flugs per Internet die entsprechenden Angaben besorgt hatte. Wenn ihn was interessiert, ist Matti eben rasch dabei ...

Wir ließen unseren finnischen Spezi in seine Träume versinken, schlugen ihm spaßeshalber lediglich vor, das gesamte Gelände am kesämökki radikal abzuholzen. Der Erfolg dieser Anregung blieb nicht aus: Mattis Augen begannen zu funkeln, und die Zahlen, die er uns verkündete, wurden ständig größer. Schade, dass Päivi ihn so nicht erlebte, es wäre eine amüsante Szene geworden ...

In Imatra suchten wir das berühmte »Valtionhotelli« (»Staatshotel«, »valtio« = »Staat«, »hotelli« = »Hotel«) am Ufer des Flusses Vuoksi auf, in unmittelbarer Nähe zu den Stromschnellen

– nicht um dort zu dinieren oder gar zu nächtigen. Das hätte wahrscheinlich unsere Ausflugskasse gesprengt. Aber das Gebäude ist eine Sehenswürdigkeit an sich, 1903 im Jugendstil erbaut. Und das Schauspiel des schäumenden, brodelnden, mit ungezähmter Gewalt durch die enge Felsenschlucht tobenden Wassers, wenn der koski geflutet wird, ist ein Erlebnis von imposanter Einmaligkeit! Matti und der »Sachse aus Saksa« waren genauso gebannt wie ich. »Unser« Matti gebärdete sich stolz wie Oskar und vermittelte uns den Eindruck, dass er höchstpersönlich diese Stromschnelle erschaffen oder zum wenigsten entdeckt habe ...

Zurück im Sommerhaus war glücklicherweise seine Begeisterung für holzgasbetriebene Autos schon etwas abgeflaut. Allerdings war das während der folgenden Tage schon eines seiner zentralen Themen am Esstisch. Päivi schlug ihm dann klugerweise vor, an erster Stelle doch seinen Holzkopf dafür zu benutzen. Was postwendend zu einer Abkühlung seiner entsprechenden technischen Ambitionen führte ...

Das Wichtigste in Kürze

1. einige Vokabeln

hyvin	sehr
mielenkiintoinen	interessant
tontti	Grundstück
terve	Hallo!, aber auch »gesund«
metsuri	Holzfäller
liiteri	Schuppen (das Gebäude)
rautakauppa	Eisenwarengeschäft

puutyö	Holzarbeit
puu	Holz, Baum
työ	Arbeit
koneaika	Maschinenzeit
kone	Maschine
aika	Zeit
autoilija	Autofahrer
valtionhotelli	Staatshotel
valtio	Staat
hotelli	Hotel

2. und einige (manchmal nicht ganz ernst gemeinte) Tipps

Wie schon die Überschrift besagt, ist in Finnland Holz ein all-
gegenwärtiges Material: im Hausbau, im Brückenbau, beim
Mobiliar, zum Heizen, im Boots- und Kanubau (auch wenn da
pflegeleichte Kunststoffe zunehmend zur Anwendung kommen) und in vielen anderen Bereichen. Ebenso sind in der
Kunst Skulpturen und ähnliche Gegenstände aus Holz sehr
verbreitet. In diesem Buch berichte ich im Kapitel »Hier sagen
Fuchs und Hase sich: »Hyvää yötä! Aber 'ne herrliche Gegend!«
beispielhaft von einer berühmten finnischen Holzbildhauerin,
Eva Ryynänen.

Ein finnischer Künstler, der mehrere Jahrzehnte in Deutschland lebte und wirkte, ist inzwischen wieder in sein Heimat-
land zurückgekehrt. Manch eine meiner Leserinnen und
manch ein Leser werden ihn kennen: Olli Isomäki. Neben seinen imponierenden Begabungen als Zeichner, Karikaturist
und Maler, die er in vielfältiger Weise künstlerisch nutzte, hat
Olli ebenfalls bewundernswerte Kunstwerke aus Holz ge-

schaffen: abstrakte Bildkollagen voller Ausdrucksstärke und im wunderbar harmonischen Zusammenspiel unterschiedlicher Hölzer.

Wenn ihr, liebe interessierte Leserinnen und Leser, irgendwann Finnland besucht, nutzt die Gelegenheit, euch mit den vielfältigen, faszinierenden Erscheinungsformen von Holz in Suomi vertraut zu machen: durch einen Besuch von Lusto zum Beispiel, aber auch durch das bewusste, intensive Wahrnehmen der Wälder und ihrer imponierenden Schönheit. Sie sind das eigentliche, kostbare, unersetzliche Herz Finnlands!

Epilog oder auf Finnisch: epilogi

Liebe Leserinnen, liebe Leser,

in »Mehr Finnen? Mehr Finnen!« habe ich wieder versucht, euch in der Fantasie mitzunehmen in das nordische Land, aus dem meine Frau stammt, und dem ich so untrennbar freundschaftlich verbunden bin.

In mehreren Kapiteln war es mein Wunsch, euch meine – zugegebenermaßen sehr persönliche – Sicht auf einige finnische »Spezifika« zu vermitteln. Mit humorvollen Schilderungen, deren schelmische Spitzen irgendwo doch einen realen Hintergrund haben (oder haben könnten ...).

Matti und auch Isko, die (vor allem mein Freund Matti) in diesem Buch tragende Rollen spielen, haben mir dabei geholfen, mehr oder weniger unfreiwillig. Ich hoffe, ihr, meine verehrten Leserinnen und Leser, spürt trotz meiner ironischen Überzeichnungen, wie sehr mir die beiden ans Herz gewachsen sind – ebenso wie Päivi und die vielen anderen namhaften und namenlosen Finninnen und Finnen, die ich im Laufe der Jahrzehnte in Suomi kennengelernt habe. Und in Deutschland!

Denn hier wohnen und arbeiten nicht gerade wenige Menschen aus der nordischen Ferne. Sie haben ihr hiesiges Leben in der Regel trotz aller individuellen Rahmenbedingungen als eine wunderbare, reizvolle Mischung, als ein Mosaik finnischer und deutscher Perspektiven, Gebräuche, Denkweisen und anderem mehr gestaltet. Und sind, soweit ich das beurteilen kann, ihrer Heimat und somit ihren Wurzeln mehrheitlich dennoch fest verbunden.

Ihnen, den mutigen, aufgeschlossenen, stolzen, tüchtigen, aufrichtigen und liebenswürdigen (im echten Wortsinn, nämlich »würdig, gemocht zu werden«) Menschen widme ich dieses Buch.

Eberhard Apffelstaedt

Vokabelverzeichnis Finnisch – Deutsch

aamiainen	Frühstück
aika	Zeit
äiti	Mutter
aitta	Speicher; bezeichnet aber auch z. B. ein bäuerliches Nebengebäude, in dem die Magd oder der Knecht wohnte.
akka	Frau, Weib
ankka	Ente
autoilija	Autofahrer
auttaa	helfen
ei	Nein
eläin	Tier
eläinpuisto	Zoo, Tierpark
en	Ich nicht (Verneinung von »minä« = »ich«)
epilogi	Epilog
etappi	Etappe
hame	Rock
hapankorppu	Knäckebrot aus Sauerteig
härkä	Rind, Ochse
hattu	Hut
hauska	fröhlich, lustig
hautaus	Beerdigung
heilua	schwingen, schwanken
heitto	Werfen, Wurf

heti	sofort
hiipiä	schleichen
hiipiminen	Schleichen
hotelli	Hotel
hullu	»Blödmann«, »Spinner«
Humppa	finnischer Foxtrott
huussi	Plumpsklo (beim Sommerhaus)
hyppy	Sprung
hyvä	gut
hyvää joulua	Gute Weihnachten
hyvin	sehr
Iihin	nach Ii
iloinen	fröhlich
iso	groß
ja	und
jäätelö	Eis (Speiseeis)
jahti	Jagd
jakkara	Schemel, Hocker
Japani	Japan
järvi	See (der See)
joki	Fluss
joulu	Weihnachten
joulukuusi	Weihnachtsbaum
Joulupukki	finnischer Weihnachtsmann
juhlia	feiern
julma	schrecklich, fürchterlich
juna	Zug
juu	Ja
juusto	Käse

kahvi	Kaffee
kahvila	Café
kahvirinkeli	gezuckerter Kringel zum Kaffee
kakku	Kuchen
kala	Fisch
kalja	eine Art Dünn- oder Malzbier
kallio	Fels
kampaamo	Damenfriseur
kana	Huhn
kanankoppi	Hühnerstall
kansallis	National- (in Zusammensetzungen)
karhu	Bär
kärryt	Anhänger (am Auto)
kas	guck mal!
kassi	Tasche
katiska	Reuse
katu	Straße
kauppa	Geschäft, Laden, Handel
kaura	Hafer
kaurapuuro	Haferbrei
kävely	Gehen, Laufen
kerma	Sahne
kermajuusto	Sahnekäse
kermakakku	Sahnekuchen
kesä	Sommer
kesämökki	Sommerhaus
keskus	Zentrum
kettu	Fuchs
kiekua	krähen
kierros	Runde

kiikku	Schaukel
kilpailu	Wettbewerb
kippis!	Prost!
kirkko	Kirche
kirkkovenesoutu	Kirchenbootrudern oder -regatta
kirkonkylä	Kirchdorf
kirppu	Floh
kirpputori	Flohmarkt
kissa	Katze
kivi	Stein
koira	Hund
kone	Maschine
koneaika	Maschinenzeit
koppi	Stall
kosioretki	Brautschau
koski	Stromschnelle
koti	Heim
koukku	Haken
kukka	Blume
kukko	Hahn
kukkokiekuu	Hahnenschrei
kumisaapas	Gummistiefel
kumisaappaanheitto	Gummistiefelweitwurf
kuningas	König
Kustaa	Gustav
kutsua	locken, einladen
kuusi	Tanne, Fichte, auch das Zahlwort »sechs«
kylä	Dorf

laituri	Steg, Bahnsteig
lakka	Multbeere
laulu	Lied
lava	Bühne, Tribüne
leike	Fleisch
leipä	Brot
leipomo	Bäcker
lettu	kleine Pfannkuchen
liiteri	Schuppen (Gebäude)
liitto	Bund
lippalakki	Schirmmütze
loma	Ferien
löyly	Aufguss in der Sauna
lypsää	melken
lypsyjakkara	Melkschemel
Lyypekki	Lübeck
maatalous	Landwirtschaft
mäki	Hügel
makkara	Wurst
manikyyri	Maniküre
mansikka	Erdbeere
mänty	Kiefer
mäntysuopa	(Kiefern-)Schmierseife, auch »Kernseife«
matka	Reise, Fahrt, Strecke
matkoilla	auf Reise
mato	Wurm
matonpesu	Teppichwaschen
matto	Teppich
mäyrä	Dachs

mäyräkoira	Dachshund, Dackel (wird aber von den Finnen auch als Bezeichnung benutzt für eine 12er-Packung Bier)
mela	Stechpaddel
merkki	Zeichen, Merkzeichen etc.
merkkipäivä	bedeutet etwa »Festtag«
metsuri	Holzfäller
miekka	Schwert, Degen
mielenkiintoinen	interessant
minua	mich
mitään	etwas
mökki	Hütte, Kate
mua	Slang für »minua«
muikku	Maräne
multa	Erde, Krume
mummi	Omi
museotie	Museumsweg
näin	so
naistenhaku	Damenwahl
-ni	Endung (Suffix) für »mein, meine, meines«
niin	so
niska	Nacken
nukke	Puppe
nuotio	Lagerfeuer
nyt	jetzt
olen	ich bin
olut	Bier

on meillä	wir haben
onnea	Glück
ovat	(sie) sind
päivä	Tag
paljon	viel
parka	arm
parturi	Herrenfriseur
peppu	Kinderwort für »Po«
perhe	Familie
perinne	Tradition
Perinneurheiluliitto	Traditionssportbund
pesu	Waschen
pieni	klein (Adjektiv)
piimä	Sauermilch
piirakka	Piroggen
pikku	klein (Kompositum)
pitkitetty unitila	Dauerschlaf
poika	Junge
poliisi	Polizei
polvi	Knie
pontikka	selbstgebrannter Schnaps
portti	Tor
posti	Post
puisto	Park
punainen	rot
punamulta	Roterde; Name der Außenwandfarbe für Holzhäuser in Finnland
puu	Holz, Baum
puuliiteri	Holzschuppen

puutyö	Holzarbeit
puuro	Brei
ranta	Strand, Ufer
rantakala	Strandfisch
räsymatto	Flickerlteppich
rauta	Eisen
rautakauppa	Eisenwarengeschäft
rautatieasema	Bahnhof
ravintola	Restaurant
retki	Reise, Fahrt, Ausflug
rieska	eine Art ungesäuertes Gerstenbrot
rinkeli	Kringel, Brezel
risti	Kreuz
ruis	Roggen
ruisleipä	Roggenbrot
ruoka	Essen
ruoasta	für das Essen (eigentlich »vom Essen«)
saari	Insel
sähkö	Strom, Elektrizität
sähköposti	E-Mail wörtlich: Strompost
Saksa	Deutschland
salaatti	Salat
sanko	Eimer
sille	dafür
sinappi	Senf
sisko	Schwester

soutu	Rudern
sulka	Vogelfeder
suopa	Schmierseife
susi	Wolf
suu	Mund, Mündung
talo	Haus
tällainen	derartig, so
tänne	hierher
tanssi	Tanz
tanssilava	Tanzboden, Tanzplatz
täti	Tante
taulu	Tafel
terve	gesund (aber auch: »Hallo!«)
terveys	Gesundheit
terveyskeskus	Gesundheitszentrum
tie	Weg
tikku	Splitter
toivoa	wünschen (Infinitiv)
toivoo	er/sie/es wünscht
toivovat	sie wünschen
tontti	Grundstück
tonttu	Wichtel
tori	Markt, Marktplatz
tule!	komm!
tule auttamaan	komm helfen
	wörtlich: komm zum Helfen
tuli	Feuer
tulitikkuja	Streichhölzer
tulla	kommen
tuo	jene, jener, jenes

työ	Arbeit
uima	Schwimm- (in Zusammensetzungen)
uimaranta	Schwimmstrand
ulkomaalainen	Ausländer
urheilu	Sport
vain	nur
valtio	Staat
valtionhotelli	Staatshotel
vanha	alt
vene	Boot
vesi	Wasser
vihta, auch vasta	Birkenzweig-Quaste für die Sauna
viikset	Schnurrbart
voi perkele!	etwa: zum Teufel! (Ausruf)
voida	können
yli	über
ymmärsin	ich verstand
ymmärtää	verstehen
yö	Nacht
ystävä	Freund

Vokabelverzeichnis Deutsch – Finnisch

alt	vanha
Anhänger (am Auto)	kärryt
Arbeit	työ
arm	parka
auf Reise	matkoilla
Aufguss in der Sauna	löyly
Ausflug, Fahrt, Reise	retki
Ausländer	ulkomaalainen
Autofahrer	autoilija
Bäcker	leipomo
Bahnhof	rautatieasema
Bahnsteig, Steg	laituri
Bär	karhu
Baum, Holz	puu
Beerdigung	hautaus
Bier	olut
Birkenzweig-Quaste für die Sauna	vihta, auch vasta
»Blödmann« »Spinner«	hullu
Blume	kukka
Boot	vene
Brautschau	kosioretki
Brei	puuro
Brezel, Kringel	rinkeli
Brot	leipä
Bühne, Tribüne	lava
Bund	liitto

Café   kahvila

Dachs   mäyrä
Dachshund, Dackel   mäyräkoira
(wird von den Finnen aber
auch als Bezeichnung für
eine 12er-Packung Bier
verwendet)
dafür   sille
Damenfriseur   kampaamo
Damenwahl   naistenhaku
Dauerschlaf   pitkitetty unitila
Degen, Schwert   miekka
derartig   tällainen
Deutschland   Saksa
Dorf   kylä
Dünn- oder Malzbier   kalja

Eimer   sanko
einladen, locken   kutsua
Eis (Speiseeis)   jäätelö
Eisen   rauta
Eisenwarengeschäft   rautakauppa
Elektrizität, Strom   sähkö
E-Mail   sähköposti
wörtlich: Strompost
Ente   ankka
Epilog   epilogi
er/sie/es wünscht   (hän oder se) toivoo
Erdbeere   mansikka
Erde, Krume   multa

Essen	ruoka
Etappe	etappi
etwas	mitään
Fahrt, Reise, Ausflug	retki
Fahrt, Reise, Strecke	matka
Familie	perhe
feiern	juhlia
Fels	kallio
Ferien	loma
»Festtag«	merkkipäivä
Feuer	tuli
Fichte, Tanne	kuusi
Fisch	kala
Fleisch	leike
Flickerlteppich	räsymatto
Floh	kirppu
Flohmarkt	kirpputori, auch »kirppis«
Fluss	joki
Foxtrott, finnischer	Humppa
Frau, Weib	akka
Freund	ystävä
fröhlich	iloinen
fröhlich, lustig	hauska
Frühstück	aamiainen
Fuchs	kettu
»für das Essen« (eigentlich: »vom Essen«)	ruoasta
fürchterlich, schrecklich	julma

Gehen, Laufen   kävely
Gerstenbrot   rieska
(eine Art ungesäuertes Brot)
Geschäft, Laden,
Handel   kauppa
gesund (aber auch: »Hallo!«)   terve
Gesundheit   terveys
Gesundheitszentrum   terveyskeskus
Glück   onnea
groß   iso
Grundstück   tontti
guck mal!   kas
Gummistiefel   kumisaapas
Gummistiefelweitwurf   kumisaappaanheitto
Gustav   Kustaa
gut   hyvä
Gute Weihnachten   hyvää joulua

Hafer   kaura
Haferbrei   kaurapuuro
Hahn   kukko
Hahnenschrei   kukkokiekuu
Haken   koukku
Hallo!
(aber auch »gesund«)   terve
Handel, Geschäft,
Laden   kauppa
Haus   talo
Heim   koti
helfen   auttaa
Herrenfriseur   parturi

hierher	tänne
Hocker, Schemel	jakkara
Holz, Baum	puu
Holzarbeit	puutyö
Holzfäller	metsuri
Holzschuppen	liiteri
Hotel	hotelli
Hügel	mäki
Huhn	kana
Hühnerstall	kanankoppi
Hund	koira
Hut	hattu
Hütte, Kate	mökki
ich bin	(minä) olen
ich nicht	en
(Verneinung von	
»minä« = »ich«)	
ich verstand	(minä) ymmärsin
Insel	saari
interessant	mielenkiintoinen
Ja	juu, kyllä
Jagd	jahti
Japan	Japani
jene, jener, jenes	tuo
jetzt	nyt
Junge	poika
Kaffee	kahvi
Käse	juusto

Kate, Hütte	mökki
Katze	kissa
Kernseife, Schmierseife	mäntysuopa
Kiefer	mänty
Kirchdorf	kirkonkylä
Kirche	kirkko
Kirchenbootregatta, Kirchenbootrudern	kirkkovenesoutu
klein (Adjektiv)	pieni
klein (Kompositum)	pikku
Knäckebrot (aus Sauerteig)	hapankorppu
Knie	polvi
komm helfen wörtlich: »komm zum Helfen«	tule auttamaan
komm!	tule! (Imperativ von tulla)
kommen	tulla
König	kuningas
können	voida
krähen	kiekua
Kreuz	risti
Kringel zum Kaffee (gezuckert)	kahvirinkeli
Kringel, Brezel	rinkeli
Krume, Erde	multa
Kuchen	kakku
Laden, Geschäft, Handel	kauppa
Lagerfeuer	nuotio
Landwirtschaft	maatalous

Laufen, Gehen	kävely
Lied	laulu
locken, einladen	kutsua
Lübeck	Lyypekki
lustig, fröhlich	hauska

Maniküre	manikyyri
Maräne	muikku
Markt, Marktplatz	tori
Maschine	kone
Maschinenzeit	koneaika
»mein, meine, meines«	-ni (als Suffix angehängt)
melken	lypsää
Melkschemel	lypsyjakkara
Merkzeichen, Zeichen	merkki
mich	minua
»mich« im Slang	mua
Multbeere	lakka
Mund, Mündung	suu
Museumsweg	museotie
Mutter	äiti

nach Ii	Iihin
Nacht	yö
Nacken	niska
National-	kansallis
(in Zusammensetzungen)	
Nein	ei
nur	vain

Ochse, Rind	härkä
Omi	mummi
Park	puisto
Pfannkuchen (kleine)	lettu
Pirogge	piirakka
Plumpsklo	huussi (beim Sommerhaus)
»Po« (Kindersprache)	peppu
Polizei	poliisi
Post	posti
Prost!	kippis!
Puppe	nukke
Reise, Fahrt, Ausflug	retki
Reise, Fahrt, Strecke	matka
Restaurant	ravintola
Reuse	katiska
Rind, Ochse	härkä
Rock	hame
Roggen	ruis
Roggenbrot	ruisleipä
rot	punainen
»Roterde«	punamulta
(Name der Außenwandfarbe für Holzhäuser in Finnland)	
Rudern	soutu
Runde	kierros
Sahne	kerma
Sahnekäse	kermajuusto
Sahnekuchen	kermakakku

Salat	salaatti
Sauermilch	piimä
Schaukel	kiikku
Schemel, Hocker	jakkara
Schirmmütze	lippalakki
schleichen	hiipiä
Schleichen	hiipiminen
Schmierseife, Kernseife	mäntysuopa
Schnaps (selbstgebrannt)	pontikka
Schnurrbart	viikset
schrecklich, fürchterlich	julma
Schuppen (Gebäude)	liiteri
schwanken, schwingen	heilua
Schwert, Degen	miekka
Schwester	sisko
Schwimm- (in Zusammensetzungen)	uima
Schwimmstrand	uimaranta
schwingen, schwanken	heilua
sechs	kuusi
See (der See)	järvi
sehr	hyvin
Senf	sinappi
sie sind	(he oder ne) ovat
sie wünschen	(he oder ne) toivovat
so	näin, niin
sofort	heti
Sommer	kesä
Sommerhaus	kesämökki

Speicher	aitta
(bezeichnet aber auch z. B.	
ein bäuerliches Nebengebäude,	
in dem die Magd oder	
der Knecht wohnte)	
»Spinner«, »Blödmann«	hullu
Splitter	tikku
Sport	urheilu
Sprung	hyppy
Stall	koppi
Staat	valtio
Staatshotel	valtionhotelli
Stechpaddel	mela
Steg, Bahnsteig	laituri
Stein	kivi
Strand, Ufer	ranta
»Strandfisch«	rantakala
Straße	katu
Strecke, Fahrt, Reise	matka
Streichhölzer	tulitikkuja
Strom, Elektrizität	sähkö
Stromschnelle	koski
Tafel	taulu
Tag	päivä
Tanne, Fichte	kuusi
Tante	täti
Tanz	tanssi
Tanzboden, Tanzplatz	tanssilava
Tasche	kassi
Teppich	matto

Teppichwaschen	matonpesu
Tier	eläin
Tierpark, Zoo	eläinpuisto
Tor	portti
Tradition	perinne
Traditionssportbund	Perinneurheiluliito
Tribüne, Bühne	lava
über	yli
Ufer, Strand	ranta
und	ja
verstehen	ymmärtää
viel	paljon
Vogelfeder	sulka
Waschen	pesu
Wasser	vesi
Weg	tie
Weib, Frau	akka
Weihnachten	joulu
Weihnachtsbaum	joulukuusi
Weihnachtsmann	Joulupukki
Werfen, Wurf	heitto
Wettbewerb	kilpailu
Wichtel	tonttu
wir haben	on meillä oder meillä on
Wolf	susi
wünschen	toivoa
Wurf, Werfen	heitto
Wurm	mato

Wurst	makkara
Zeichen, Merkzeichen	merkki
Zeit	aika
Zentrum	keskus
Zoo, Tierpark	eläinpuisto
Zug	juna
zum Teufel!	voi perkele!

Edition Elch

Spezialist für Skandinavien-Literatur

Bewährte Finnland-Reiseführer

von Labonde/Kuehn-Velten

www.edition-elch.de